Mumia
la plume et le poing

COLLECTIF LIBÉRONS MUMIA !

COLLECTIF 100 ARTISTES POUR MUMIA ABU-JAMAL

MUMIA

LA PLUME ET LE POING

le temps des cerises

Préface

Fred Garcia-Sanchez (France)

Angela Davis, la célèbre militante des Black Panthers connue pour son engagement en faveur des droits civiques aux États-Unis, est directrice du département d'études féministes de l'université de Californie et professeure de philosophie. Elle parcourt encore le monde pour combattre toutes les formes de discriminations (racisme, sexisme, écocide).

Si l'on connaît Mumia dans le monde entier, c'est aussi grâce au rôle joué par les artistes ; un rôle qu'ils continuent de jouer pour nous inciter à imaginer non seulement ce que la justice pourrait vraiment signifier pour notre planète, mais aussi pour nous inciter à agir avec force, tous ensemble, pour tenter d'amplifier les possibilités de créer un monde meilleur pour tous les habitants de cette planète. À travers l'Europe, l'Amérique du Nord et sur d'autres continents, l'image de Mumia véhicule l'exigence constante que lui-même mérite d'être traité de façon juste et équitable, mais aussi et il aime à le répéter - que les personnes en prison partout dans le monde méritent de savoir ce que signifie la liberté. Pendant toute la durée de ses quarante-trois années d'emprisonnement, Mumia a toujours lié l'appel à sa propre liberté à la nécessité de promouvoir la liberté pour toutes les victimes du racisme, du colonialisme et du capitalisme.

Et c'est précisément, je pense, la raison pour laquelle tant d'artistes se sont sentis obligés de peindre, de sculpter, de photographier ou de façonner son image.

Aucune campagne en faveur d'un changement radical ne peut se révéler véritablement efficace sans inclure une dimension esthétique. Tout individu, qu'il soit ouvrier, intellectuel ou militant, toute formation, que ce soit un syndicat, une organisation universitaire ou un groupe féministe souhaitant la création d'un monde plus équitable, est vital et indispensable. Pour qu'un changement se produise les gens doivent se rassembler et suivre les exigences de leur vision collective d'un monde nouveau. L'art nous encourage à prendre sérieusement en compte les créations de l'imagination humaine. L'art nourrit et entretient également la capacité d'imaginer collectivement. Si les artistes sont d'une telle importance pour la communauté humaine c'est parce qu'ils produisent des images, de la musique, de la poésie et autres formes d'expressions capables, potentiellement, de nous toucher à un niveau émotionnel si profond que cela devient une invitation à expérimenter ce que nous n'avons pas encore réussi à intellectualiser. En même temps, l'art - qu'il soit visuel, sonore, littéraire ou théâtral - nous remémore que la création de quelque chose de nouveau est toujours possible. Comme nous le montre la vaste collection d'œuvres d'art graphiques produites dans le cadre de la campagne pour la libération de Mumia Abu Jamal, et en particulier les images incluses dans ce livre, l'art peut créer un sentiment d'intimité qui fait souvent défaut au langage didactique. Il ne s'agit pas de minimiser le travail du langage qui est instructif et éducatif et qui nous fournit les connaissances nécessaires à la réussite de tout changement. Mais l'éducation et l'information ne suffisent pas à créer un lien d'intimité avec nos mouvements. Elles ne nous donnent pas non plus l'élan nécessaire pour générer une véritable praxis collective indispensable à la création de mondes nouveaux. C'est l'œuvre d'art, qui a le potentiel de transformer les gens et de les inciter à changer le monde.

Grâce à l'art, nous nous sentons liés à Mumia, nous ressentons de l'amour pour Mumia. C'est notre camarade, c'est notre frère et nous savons, au fond de nous, que nous parviendrons à le libérer.

Angela Davis

1

LES FAITS

En matière de peine capitale, le droit dépend de la politique. (Mumia)

END
JIM CROW
JUSTICE
FREE MUMIA

Mumia Abu-Jamal, victime d'un déni de justice depuis quatre décennies

Il y a 43 ans, en plein centre-ville de Philadelphie (États-Unis), le 9 décembre 1981, un policier était assassiné et le journaliste afro-américain Mumia Abu-Jamal grièvement blessé. Quelques mois plus tard, malgré sa dénégation et l'absence de preuves, Mumia était condamné à mort pour meurtre au terme d'un procès raciste et expéditif dénoncé par la Commission des droits de l'Homme de l'ONU, Amnesty International et le Parlement européen. Après trois décennies de survie dans le couloir de la mort où il fut exposé à deux ordonnances d'exécution - heureusement annulées grâce à la mobilisation internationale - sa peine fut commuée en 2011 à la prison à perpétuité sans possibilité de libération conditionnelle (une deuxième peine de mort « lente » selon Mumia).

Sa situation après quatre décennies d'incarcération

Mumia Abu-Jamal avait 27 ans lors de son arrestation. Il a aujourd'hui 70 ans. Après quatre décennies de combat judiciaire et de mobilisation internationale le déni de justice est toujours la règle dont Mumia Abu-Jamal est la victime alors que les preuves de son innocence n'ont jamais été aussi nombreuses.

En avril 2023, l'espoir de pouvoir enfin défendre son innocence après avoir obtenu un droit d'appel pour contester sa condamnation, la juge en charge de l'affaire a catégoriquement refusé d'examiner les nouvelles preuves présentées par sa défense. Un pied de nez qui défie le droit le plus élémentaire.

Le rejet de ce droit d'appel – qui pouvait ouvrir la voie à un procès en révision – démontre l'acharnement persistant des autorités judiciaire et politique de Pennsylvanie. S'opposant ainsi à la manifestation de la vérité mettant en cause la police raciste et corrompue de Philadelphie, la partialité et l'inconduite des magistrats (procureurs et juges), la « justice » s'abaisse à faire le sale boulot en s'affranchissant du respect des règles de droit pénal les plus élémentaires.

Ses avocats ont déposé un nouveau recours mais en attendant, sans soins et suivi sérieux, son état de santé continue de se dégrader.

La mobilisation internationale doit relever un nouveau défi

C'est le sens de l'appel international lancé par les soutiens américains à Mumia à l'occasion de son 70ème anniversaire pour exiger sa libération immédiate et sans condition.

En France, nous comptons sur l'engagement de toutes et tous (municipalités, élus locaux, régionaux, nationaux, syndicats, partis politiques, associations, personnalités) pour être acteurs de cette mobilisation sans laquelle Mumia ne pourra jamais sortir de l'enfer carcéral pour rejoindre sa famille. Ajoutons que l'urgence est son très fragile état de santé qui ne saurait supporter plus longtemps la détention sans risque de mettre sa vie en grave danger.

Agir pour la libération de cet homme, c'est défendre les droits humains, combattre le racisme et exiger l'abolition de la peine de mort partout dans le monde.

Boris Séméniako (France)

FREE
MUMIA

Kiki Picasso (France)

Lettre du Collectif français Libérons Mumia Abu-Jamal à l'attention de Madame Denise Campbell Bauer Ambassadrice des États-Unis en France

Madame l'Ambassadrice,

Nous souhaitons attirer votre attention sur la situation du journaliste américain Mumia Abu-Jamal en détention depuis plus de quatre décennies dans une prison de Pennsylvanie.

Le rejet récent de son droit d'appel – qui pouvait ouvrir la voie à un procès en révision – démontre l'acharnement des autorités judiciaire et politique de Pennsylvanie. Le déni de justice est d'autant plus flagrant que les preuves de son innocence n'ont jamais été aussi nombreuses. Celles découvertes récemment, mais cachées dans les archives judiciaires, n'ont pour autant pas été prises en considération.

S'opposant ainsi à la manifestation de la vérité mettant en cause la police raciste et corrompue de Philadelphie, la partialité et l'inconduite des magistrats (procureurs et juges), la « justice » s'abaisse à faire le sale travail en s'affranchissant des règles du droit international les plus élémentaires.

À cette situation, s'ajoute le fait que la poursuite de la détention de cet homme âgé et malade est incompatible avec son état de santé.

Pour toutes ces raisons, ses soutiens du monde entier interpellent les autorités de votre pays en ce jour de son 69ème anniversaire.

En France, des dizaines de milliers de personnes sensibilisées à cette affaire qui n'a que trop duré vous demandent de porter à la connaissance des autorités fédérales et de Pennsylvanie notre exigence de libération immédiate et sans condition de Monsieur Mumia Abu-Jamal (citoyen d'honneur de Paris et de 25 autres villes françaises).

Espérant que vous réserverez toute l'attention qui se doit à notre démarche, soyez assurée, Madame l'Ambassadrice, de notre respectueuse considération.

Paris, le 24 avril 2023

Vanessa Vérillon (France)

Patrick Nicolas (Allemagne)

Que dire ! Que faire pour Mumia !

Après 42 années de détention, Mumia Abu-Jamal est l'un des plus anciens prisonniers du monde avec Leonard Peltier, militant amérindien anichinabé-lakota également incarcéré depuis 48 ans. Ces deux figures emblématiques ont en commun d'être les victimes d'un système qui perpétue la ségrégation raciale.

Ma solidarité et mon engagement pour leur libération ne sauraient connaître de répit.

J'avais commencé, en tant qu'artiste plasticien, il y a maintenant 24 ans, une série de portraits de personnalités noires portant le titre : « Black is toujours beautiful ». C'est à cette période (1998-2000) que j'ai finalisé un portait de Mumia Abu-Jamal sur les conseils avisés de notre regretté ami et frère Michel Muller, journaliste à l'Humanité, militant engagé pour Mumia et aussi « porteur de valises » pour le FLN algérien pendant la lutte d'indépendance.

Ce portrait a été exposé et acquis par la municipalité de Bobigny au temps du mandat de Bernard Birsinger, militant et maire très impliqué lui aussi pour la libération de Mumia.

Je parcourais les villes de France et de Navarre pour le montrer avec d'autres images et faire connaître sa cause.

Quelques années plus tard, j'ai décidé de répondre à la sollicitation de Jacky Hortaut (co-animateur du collectif Libérons Mumia) et d'amis militants en concevant un nouveau portrait de Mumia afin de le faire voyager lors de mes expositions itinérantes.

Je reste toujours à l'écoute des nouvelles de sa situation et surtout de son état de santé péoccupant avec le regret de n'avoir pu me rendre aux États-Unis pour le rencontrer en prison en raison de la loi américaine qui interdit l'entrée sur son territoire de toute personne qui a séjourné à Cuba. Mais Cuba pour moi ce n'est pas négociable ! C'est « Mi corazón » et « ¡Hasta siempre la victoria! ». J'ai donc dû renoncer en avril 2024 à lui rendre visite avec une délégation française pour son 70ème anniversaire.

Ma satisfaction est d'avoir inauguré avec son fils Jamal une rue portant son nom à Bobigny et aussi de recevoir chez moi à la galerie son petit-fils, Jamal Jr, accompagné de son amie Brenda. À cette occasion, je lui ai remis une digigraphie du nouveau portrait de son grand-père.

Le portrait de Mumia est toujours chez moi, dans ma galerie où je l'expose régulièrement pour faire connaître sa cause, notre cause.

Free Mumia !

Mustapha Boutadjine

Mustapha Boutadjine est peintre, affichiste, designer. Soutenant activement Mumia Abu-Jamal, cet artiste engagé consacre son travail de création à la mise en lumière des victimes discriminés et les opprimés : les Noirs, les femmes, les Gitans, les homosexuels, les révolutionnaires, les poètes, les insoumis, les révoltés, tous ceux que la société stigmatise.

Michel Quarez (France)

Bruno Charzat (France)

LIBEREZ
Free Now
Mumia
Abu
Jamal

FREE
MUMIA

MUMIA

MUMIA
Abu Jamal
IS INNOCENT

Free Mumia
Abu-Jamal!
Abolish
the Racist
Death
Penalty!

MUMIA

MUMIA
Abu Jamal
IS INNOCENT
MUMIA
IS INNOCENT

LIBÉRONS

MUMIA

MUMIA ABU-JAMAL / LIBÉRER CE

LES ÉTATS-UNIS ONT DE MEILLEUR

Vincent Perrottet (France)

Mes étoiles noires

1969 : deux cent cinquante mille jeunes marchent sur la Maison-Blanche pour réclamer la fin de la guerre du Vietnam. La même année, le jeune Mumia Abu-Jamal, quatorze ans, se rend au stadium de Phildelphie avec ses trois camarades pour protester contre un meeting organisé par Georges Wallace, partisan de la suprématie blanche et candidat à la présidence des États-Unis. Ils se retrouvent aussitôt noyés dans une marée blanche d'où seules émergent leurs tignasses afro. Des spectateurs s'en prennent à eux et, sous les huées, les refoulent vers la sortie. Une fois dehors, ils sont roués de coups. Tombés à terre, Mumia tente de se redresser et de crier « Police ! Au secours ». Pour toute réponse, un homme lui décroche un coup de pied dans la figure. Cet homme porte un uniforme. « Je voue une éternelle reconnaissance à ce flic anonyme » dit Mumia « car ce coup de pied m'a expédié tout droit chez les Panthères noires ». Tel est l'acte fondateur de la résistance de Mumia, le condamné à mort politique le plus célèbre des États-Unis

Mais quelle horrible histoire l'a donc conduit dans le couloir de la mort et l'y a maintenu depuis 1982 ? Quelle horrible faute peut-il bien avoir commise pour mériter un tel châtiment dans un pays « démocratique » ? Réponse : d'abord la couleur de la peau, ensuite son amour de la justice et de la vérité. Cette résistance s'est inscrite dans sa chair car pour de nombreux Noirs, le passé est aussi présent que l'est leur miroir.

Dès l'âge de quatorze ans, avant même son passage à tabac au meeting de Wallace, il est fiché par le FBI pour avoir demandé que son lycée soir rebaptisé « Malcolm X », puis les Black Panthers le chargent de l'information dans leur section de Philadelphie. Cet engagement vaut à ce très jeune homme d'être considéré comme une personne « à interner en cas d'alerte nationale ». Dans ces années-là, 40% de l'activité du FBI est consacrée à la surveillance des militants politiques et 1% seulement au crime organisé. La même année, il trouve du travail dans une station de radio où il dénonce la corruption de la police et des politiciens locaux, la misère et le lynchage puisque la majorité des condamnés à mort sont afro-américains alors qu'ils ne représentent que 15% de la population des États-Unis

Surnommé « la voix des sans-voix », il devient chroniqueur sur plusieurs stations et directeur de l'information sur What, une radio noire de Philadelphie. Mais Mumia fait trop de vagues, il éclabousse trop de gens. La haine des politiciens et de la police grandit contre lui. L'éclairage qu'il donne de « l'affaire Move » met le feu aux poudres. Cette petite

Libérons

MUMIA ABU-JAMAL

**Journaliste, écrivain
et militant afro-américain.**

Victime du système raciste nord-américain, il est emprisonné depuis 1981 pour un meurtre qu'il n'a pas commis. Il a passé trente ans dans les couloirs de la mort. Depuis 2011, sa peine a été commuée en prison à vie.

Vincent Plisson (France)

communauté noire ne se comporte pas en « bons nègres », ils ne se taisent pas quand on leur dit de se taire ; bien au contraire, ils dénoncent toutes les injustices en critiquant les autorités. Le maire de Philadelphie, un ex-policier qui s'est fait élire avec le slogan « Votez Blanc », se charge de les mater. Sa police multiplie les agressions contre la communauté avec une violence inouïe. Inévitablement, Mumia prend la défense de ses hommes et de ces femmes, interviewant les témoins, diffusant leurs propos, rédigeant des chroniques au vitriol. Mais rien n'arrête le maire dans sa frénésie de les éliminer à tout prix, allant jusqu'à tuer leurs enfants et à mettre leurs parents en prison. Mumia dénonce ces crimes d'un passé que l'on croyait révolu mais la police exerce une telle pression sur lui qu'il perd son emploi à la radio et se voit contraint de faire le taxi la nuit pour nourrir sa famille. C'est là que tout bascule.

Pour comprendre ce qui s'est passé ensuite, j'ai utilisé des documents des collectifs de soutien à Mumia et me suis entretenus avec des personnalités, notamment Julia Wright, fille de l'écrivain Richard Wright et porte-parole alors de Mumia en France. Les faits sont résumés dans mon livre « Mes étoiles noires » des pages 349 à 351, un enchevêtrement d'accusation sans preuve monté de toute pièce autour de l'assassinat d'un policier dont Mumia a été désigné le criminel et condamné à mort au terme d'un procès raciste et expéditif par une justice complice d'une police corrompue.

« Jamais il ne sortira du couloir de la mort » pensaient certains, même parmi ses soutiens, au moment où j'écrivais ce livre en 2009. C'était sans compter sur la mobilisation internationale des abolitionnistes qui a fait de ce combattant pour la défense des droits humains un emblématique porte drapeau de l'abolition universelle de la peine de mort. Deux ans plus tard, en 2011, sa peine a été commuée en prison à vie sans possibilité de libération conditionnelle. Une peine de mort lente comme la qualifie Mumia. Avec ses soutiens, Mumia lutte pour sa survie et sa libération.

En France, certains politiques disent que « ce sont le Noirs et les Arabes qui créent les problèmes ». Ils sont les premiers suspects.

Je suggère parfois à mes fils, lorsque des propos sur la prétendue violence des Noirs les ont choqués, de répondre à leur interlocuteur de réfléchir à l'Histoire. Qui a massacré des millions d'Amérindiens ? Qui a déraciné des millions d'Africains pour le mettre en esclavage ? Qui a colonisé ? Qui a envoyé à la mort soixante-quatorze millions d'êtres humains pendant les deux guerres mondiales ? Qui a torturé et exterminé des millions de Juifs et de Tziganes ? Étaient-ce des Noirs les responsables de tous ces crimes ?

Free Mumia Now !

Extraits du livre Mes étoiles noires de Lilian Thuram

Avec la collaboration de Bernard Fillaire paru aux Éditions Philippe Rey / prix Seligman contre le racisme

Lilian Thuram est né en Guadeloupe en 1972. Il a créé en 2008 la Fondation Éducation contre le racisme, pour l'égalité. Il est l'auteur de plusieurs ouvrages dont La pensée blanche (Philippe Rey, 2020 - Points 2021), Mes étoiles noires (Philippe Rey, 2010 - Points 2011). Il a reçu le prix Seligman contre le racisme en 2012. Il a été commissaire général de l'exposition Exhibitions, l'invention du sauvage (musée du quai Branly 2011/2012) et a reçu le prix de l'éthique de la Fondation Kéba-Mbaye au Sénégal en 2014. Il est docteur honoris causa en sciences humaines des universités de Stockholm en Suède (2027) et de Stirling en Écosse (2019). Dans une première vie, il a connu une carrière prestigieuse de footballeur international. Avec l'équipe de France, il a été Champion du monde en 1998 et Champion d'Europe en 2000.

Mumia : L'affaire qui accuse la justice américaine

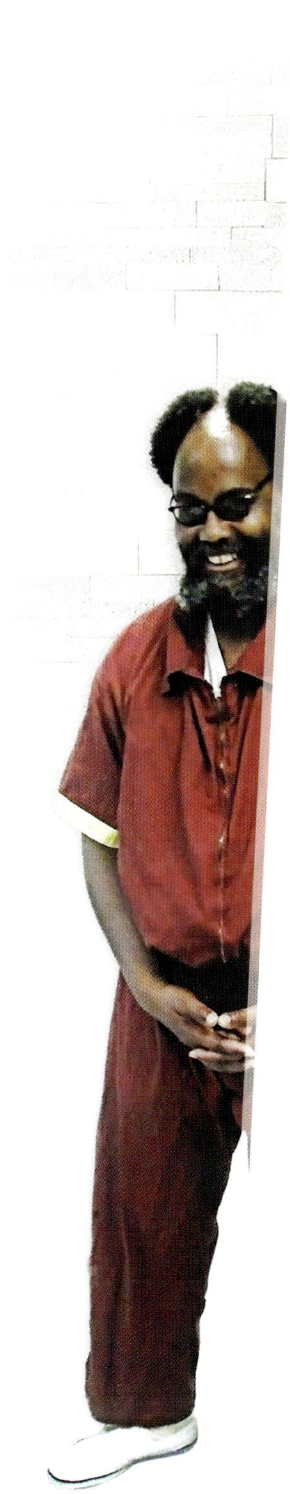

2023 La justice de Pennsylvanie rejette son droit d'appel en refusant de prendre en considération les nouvelles preuves de partialité et d'inconduite des magistrats cachées depuis quatre décennies. Un déni de justice qui barre la route à un nouveau procès !

2022 **40ème anniversaire de sa détention** et de sa condamnation à mort (commuée en prison à vie en 2011). La justice de Pennsylvanie examine son droit d'appel pouvant ouvrir la voie à la révision de sa condamnation. Décès de son épouse Wadiya.

2021 Atteint de la Covid-19 et opéré du coeur, Mumia connaîtra une année difficile et douloureuse le privant de toute visite de sa famille et de ses soutiens.

2018 Au terme d'un grand nombre d'audiences durant toute cette année, le juge Tucker **donne le droit à Mumia de faire appel de sa condamnation** le 27 décembre 2018.

2017 La défense de Mumia se saisit **d'une nouvelle jurisprudence de la Cour suprême des Etats-Unis pour demander la révision du procès de 1982.** Cette jurisprudence interdit qu'un même magistrat puisse être impliqué à tous les niveaux de recours pour une même affaire, notamment les procès où la peine de mort peut être requise.

2016 Atteint d'une hépatite, Mumia connaîtra un coma diabétique. Sous la pression de la mobilisation internationale, **la justice contraindra l'administration pénitentiaire de lui donner les moyens de se soigner.**

2012 Dans le plus grand secret, la justice de Pennsylvanie met fin à toute nouvelle procédure judiciaire et interdit toute possibilité de libération conditionnelle.

2011 La Cour suprême de Pennsylvanie reconnaît **l'anti-constitutionnalité de sa condamnation à mort,** mettant ainsi un terme à 30 ans d'acharnement judiciaire.
La peine est commuée en prison à vie.

2008 La Cour d'appel fédérale juge que les instructions données au jury lors du procès de 1982 ont **influencé le verdict et surtout ne sont pas conformes au droit.**

2001 Sur recours de sa défense, sa condamnation à mort est provisoirement suspendue. **Mumia reste toutefois incarcéré dans le couloir de la mort.**

1995 1999 Par deux fois, la mobilisation internationale **empêche son exécution.**

1982 **Mumia est condamné à mort au terme d'un procès expéditif, raciste et inéquitable**, ce que reconnaîtront quelques années plus tard Amnesty international USA, la Commission des Droits de l'Homme de l'ONU et le Parlement Européen.

1981 Le 9 décembre 1981, lors d 'une fusillade dans le quartier sud de Philadelphie, **Mumia est grièvement blessé et un policier tué.** Sans aucune preuve, la police accuse Mumia du meurtre.

2

LA MOBILISATION

Si tu crois à la glorieuse démocratie américaine et au rayonnement de son Empire, alors referme immédiatement ce livre. (Mumia)

FREE
MUMIA

I WANT TO GO HOME!
— MUMIA ABU-JAMAL
(Je veux rentrer chez moi)

Le collectif français « Libérons Mumia »

Créé en 1995, le Collectif français « Libérons Mumia » rassemble une centaine d'organisations et de collectivités publiques : associations de défense des droits humains, syndicats, partis politiques, collectifs locaux et régionaux, collectivités territoriales. Son objectif est d'obtenir un nouveau procès permettant au journaliste afro-américain de défendre son innocence et de recouvrer la liberté.

Pour mémoire, Mumia Abu-Jamal a été condamné à mort en 1982 au terme d'un procès raciste et dont l'iniquité est internationalement reconnue (Amnesty International USA, Commission des Droits de l'Homme de l'ONU, Parlement Européen). Par ses écrits notamment, Mumia Abu-Jamal est devenu l'une des figures emblématiques du combat pour l'abolition universelle de la peine capitale. Lors du premier Congrès Mondial contre la peine de mort en 2001, il adressa un message de félicitations aux abolitionnistes réunis à Strasbourg (France) depuis le couloir de la mort de Pennsylvanie (États-Unis) pour éradiquer cette peine cruelle et inhumaine.

L'engagement du Collectif français se traduit sous de multiples formes : diffusion d'informations pour sensibiliser l'opinion publique, manifestations devant l'Ambassade des États-Unis à Paris depuis plus de 25 ans, projection de films et organisation de débats, interpellations des autorités américaines, délégations régulières aux États-Unis de personnalités et d'élus pour rendre visite à Mumia, collectes de fonds pour sa défense. À son initiative également, vingt-cinq villes françaises, parmi lesquelles Paris, ont élevé Mumia Abu-Jamal au rang de Citoyen d'Honneur de leur cité. Deux villes (Saint-Denis et Bobigny) ont nommé une rue à son nom et un timbre à son effigie a été émis par l'administration postale française.

En 2011 la Cour Suprême de Pennsylvanie a reconnu l'anti-constitutionalité de sa condamnation à mort, mettant ainsi un terme à 30 ans d'incarcération dans le couloir de la mort et deux tentatives d'exécution (1995 et 1999). Cette victoire contre la peine de mort - à mettre à l'actif de la mobilisation internationale - a constitué un encouragement à poursuivre la lutte pour sa libération. Sa peine a cependant été commuée en prison à vie sans nouveau procès et sans possibilité de libération conditionnelle (une peine de mort lente selon l'expression de Mumia).

2015/2016 ont été deux années de grandes souffrances pour Mumia Abu-Jamal car sa santé s'est brusquement dégradée (hépatite C) au point de l'exposer à la mort car l'administration pénitentiaire s'est opposée à ce qu'il bénéficie de soins appropriés. De très nombreuses personnalités et organisations du monde entier ont interpellé les autorités américaines pour qu'elles mettent un terme à ce traitement inhumain. Début 2017, la justice contraint l'administration pénitentiaire à mettre à sa disposition les traitements permettant d'éradiquer la maladie.

Fin 2017, sa défense a engagé un nouveau recours devant la justice pénale pour demander sa libération au regard d'une nouvelle jurisprudence de la Cour Suprême des États-Unis qui n'accepte plus que l'État de Pennsylvanie autorise un juge ou un procureur à être saisi deux fois pour une même affaire (première instance puis en appel). Ce qui fut le cas pour Mumia Abu-Jamal et d'autres condamnés. En 2019, de nouvelles preuves de ces pratiques désormais inconstitutionnelles ont abouti à ce que Mumia puisse enfin bénéficier d'un droit d'appel pour contester sa condamnation.

2022 sera une année terrible : covid, opération du cœur, décès de son épouse !

2023, la justice de Pennsylvanie rejette son droit d'appel en refusant de prendre en considération les nouvelles preuves de son innocence, de la partialité et l'inconduite des magistrats cachées depuis quatre décennies. Un déni de justice de plus qui barre la route à un nouveau procès en révision de sa condamnation.

Mumia avait 28 ans lors de son arrestation. Il a aujourd'hui 70 ans. Son très fragile état de santé est incompatible avec la poursuite de sa détention. Le combat pour sa libération est plus que jamais une question de vie ou de mort.

Membre de la Coalition Mondiale contre la peine de mort depuis sa création, le Collectif français « Libérons Mumia » s'est inscrit résolument dans la lutte pour l'abolition universelle de la peine capitale et la défense des condamnés à mort. Sa participation active au travail et à l'action de la Coalition en France et dans le monde en témoigne.

Jaïdess Nouss (France)

FREE MU

Irène Rusznievski (France)

Guillaume Lanneau (France)

Voyages au pays de Mumia Abu-Jamal 1995 - 2024

En août 1995, date prévue pour son exécution, Mumia obtient un sursis grâce à une immense mobilisation internationale dont le journal français l'Humanité rend largement compte par l'intermédiaire de son envoyé spécial aux États-Unis (Michel Muller). C'est aussi l'année où Pam Africa [1] et les amis de Move me proposent de les accompagner lors de leurs visites à Mumia. Nous allons régulièrement dans « son pays de la vallée de l'ombre de la mort » où il survit enfermé, très loin de Philadelphie.

Avec Pam et Abdul nous roulons une nuit entière pour arriver tôt le matin à la prison, rencontrer Mumia deux à trois heures, puis repasser une autre nuit dans le vieux van d'Abdul pour rejoindre Philadelphie. Tous deux m'enseignent les codes de la prison et surtout comment ne pas perdre son droit de visite : disposer d'une voiture pour s'y rendre, pas de photo extérieure ni intérieure, répondre docilement à toutes les questions des gardes... et plus encore si l'on a un passeport étranger.

En avril 1999, Danielle Mitterrand rend visite à Mumia accompagnée d'une importante délégation française venue manifester à Philadelphie pour interpeler le Gouverneur de Pennsylvanie. Malheureusement, en décembre de la même année, Mumia fait face à une nouvelle date d'exécution. Pam Africa lance alors un appel : « Amplifiez votre mobilisation. Ici la lutte est difficile. C'est la pression internationale qui peut sauver Mumia. ». Face à l'ampleur de la mobilisation, le Gouverneur suspend l'exécution.

En avril 2000, des élus et des jeunes militants de Bobigny viennent à leur tour à Philadelphie pour maintenir la pression sur les autorités et préparer la visite de Bernard Birsinger, le député maire de la ville qui a fait de Mumia son Citoyen d'Honneur. Il rendra visite à Mumia quelques mois plus tard en déclarant, larmes aux yeux à sa sortie de la prison : « J'ai vu un homme libre dans le couloir de la mort ».

À partir de 2000, avec Jacky [2], nous décidons d'organiser des délégations pour Philadelphie, notamment en avril pour son anniversaire et en décembre à la date de son arrestation. Les plus chanceux décrochent l'autorisation de voir Mumia, beaucoup d'autres seulement celle de rester sur le parking grillagé ou dans le hall d'entrée de la prison !

Jusqu'en décembre 2011 nous le voyons dans le couloir de la mort, à SCI Greene, Waynesburg PA. Après avoir obtenu les autorisations requises pour visiter le prisonnier numéroté avec le matricule 8335. Depuis Paris, nous prenons un vol pour

New York, louons une voiture (incontournable pour accéder à la prison), passons la nuit à l'hôtel le plus proche pour lui rendre visite le lendemain matin. Ces voyages sont très longs, coûteux et stressants mais c'est le prix à payer pour la survie de Mumia.

Visiter un prisonnier américain condamné à mort, est un exercice d'humiliation, tant pour le visiteur que pour le prisonnier. Le visiteur abandonne son passeport au profit d'une feuille de visite après de longues vérifications administratives, avoir laissé tout objet personnel, y compris veste, clés de voiture, argent, stylo et papier dans une consigne. Il doit franchir le portail détecteur de métaux en enlevant ceinture et chaussures. Si la machine sonne toujours au bout du 3ème essai, il perd son droit de visite. Ses mains sont ensuite testées pour rechercher toute trace de stupéfiant avant d'être admis dans une salle avec d'autres visiteurs (principalement des femmes épouses et compagnes de détenus et des enfants issus des minorités ethniques noires et hispaniques ou des Américains pauvres). Puis il lui faut attendre le son craillant du haut-parleur qui tôt ou tard crachera « Abu-Jamal ». Je dois traduire pour mes amis sous l'œil suspicieux des gardiens qui ne comprennent pas pourquoi des gens viennent de si loin voir un condamné. Pour eux, le détenu est un individu inhumain qui passe vingt-deux heures dans une cellule de deux mètres sur trois, puis deux heures dehors dans une cage entourée de fil barbelé et sous la vigilance de tourelles à mitrailleuses. Précisons qu'avant et après chaque visite, le condamné doit subir une fouille rectale humiliante alors que cette rencontre n'est que visuelle, une vitre épaisse nous séparant empêche tout contact physique.

Jacky et moi avons appris à parcourir en silence les longs couloirs blancs, séparés par des portes et des sas ouverts et refermés automatiquement par des gardiens invisibles, jusqu'à une rotonde où se trouvent d'autres gardiens protégés par d'épaisses vitres, qui collectent nos feuilles de visite par une plaque coulissant sous un guichet. Ensuite nous cherchons notre prisonnier, enfermé dans sa petite cage en verre ; nous serrons dans une cage similaire accolée à la sienne. Mumia nous accueille, arborant un sourire chaleureux, embarrassé par sa grande taille, vêtu d'une longue combinaison orange, pieds et mains entravés par des chaînes. Et ensemble nous recréons l'ambiance du monde libre qu'il a quitté à l'âge de 27 ans.

De toutes nos visites j'en retiendrai une particulièrement : celle du 7 décembre 2011. Nous trouvons Mumia abattu et perturbé, adossé au mur de la cellule. Il nous dit attendre une décision de justice : soit il aura un nouveau procès pour défendre son innocence, soit sa peine sera commuée en prison à vie, « une peine de mort lente » selon ses mots. Avant notre départ il nous pose cette question incongrue : « vous pensez vraiment qu'il y a des gens à l'extérieur qui se soucient de moi ? ». Ébahis, nous lui répondons « Of course Mumia ! ». Dès notre sortie de prison, nos amis de Paris nous appellent pour nous annoncer que sa peine est commuée en prison à vie. Pas de nouveau procès. Mumia l'apprend à son retour en cellule. C'est une première victoire pour nous tous après 30 ans de combat.

En Avril 2012, après une nuit passée dans un hôtel de la petite ville de Frackville proche de sa nouvelle prison de Mahanoy, nous le rencontrons toujours vêtu d'orange de la tête aux pieds. Mais pour la première fois, il peut nous accueillir en nous serrant dans ses bras. Enfin un contact humain ! Et gourmand de nourriture, meilleure selon lui que celle de ses repas quotidiens, il déguste ce que nous pouvons lui acheter dans les distributeurs automatiques de la salle de visite. Cette rencontre joyeuse et rieuse restera pour nous un moment exceptionnel pour cet homme qui reprend goût à la vie. Toujours loin de Philadelphie, sa ville natale où vit encore son épouse et sa famille, mais avec l'espoir de sortir de l'enfer carcéral.

Depuis toutes ces années nous devons assumer les mêmes coûts, ressentir le même stress et une immense tristesse quand il repart vers sa cellule et que nous reprenons notre feuille de visite, « La feuille de la liberté » comme Mumia l'a rappelé à Jacky le jour où nous l'avions oubliée sur le bureau du gardien en salle de visite.

Nous sommes toujours confrontés aujourd'hui encore aux mêmes difficultés bureaucratiques pour être autorisés à le rencontrer. Mais le souvenir de notre plus total désarroi remonte à 2015, le jour où nous nous présentons à la prison pour nous entendre dire que notre visite était annulée sans la moindre justification. Nous apprendrons quelques heures plus tard qu'il avait été transféré à l'hôpital à la suite d'un coma diabétique dû au virus d'une hépatite non traitée. Face au refus de la prison de nous préciser où il se trouvait, à la demande de sa famille et de ses soutiens nous partîmes à sa recherche dans les hôpitaux de la région en parcourant des centaines de kilomètres.

Il faudrait encore bien des pages pour raconter toutes nos visites. Néanmoins, sachez que c'est grâce à vous tous et toutes, à votre fidèle soutien et à la force morale de Mumia qu'il est toujours parmi nous.

Il profite de ces visites pour vous transmettre tous ses remerciements… en attendant de le faire lui-même le jour où il sera libéré.

Claude Guillaumaud-Pujol[3]

[1] Pam Africa est une militante de la première heure des soutiens à Mumia de Philadelphie

[2] Jacky Hortaut est la représentant de la CGT au Collectif français « Libérons Mumia »

[3] Claude Guillaumaud-Pujol est professeure d'université spécialiste des États-Unis et autrice d'un livre biographique « Mumia Abu-Jamal, combattant de la liberté » publié aux éditions Le Temps des Cerises. Elle est aussi traductrice de plusieurs livres de Mumia publiés en France.

Alex Jordan (Allemagne-France)

Mario Funtes (Équateur)

spend my days preparing for life, not preparing for death. They haven't stopped me from doing what I want every day. I believe in life, I believe in freedom, so my mind not consumed with death. It's with love, life and those things. In many ways, on many days, only my body is here, because I am thinking about what's happening around e world." ***Mumia Abu-Jamal***

Interview by Laura Smith — Guardian News and Media Limited. October 25, 2007

Gess - Stéphane Girard (France)

Message adressé par Mumia Abu-Jamal au sommet des travailleurs des Amériques à Tijuana (Mexique) en réponse au sommet des chefs d'États des Amériques présidé par Joe Biden

Mes frères, sœurs et camarades rassemblés à Tijuana, délégués de Cuba, du Nicaragua, du Venezuela et d'ailleurs, je vous souhaite la bienvenue.

Beaucoup d'entre vous viennent de pays pauvres, de pays au PIB relativement faible, comme Cuba, par exemple, qui a un PIB à peu près égal à celui du Ghana. Comme j'écris de la nation la plus riche du monde, je dois ajouter que j'écris aussi d'une nation qui ne peut pas protéger ses propres enfants. Voir l'affreux massacre au Texas, où 19 bébés ont été tués à l'école primaire, tandis que les flics remplissaient les couloirs.

Ici, des dizaines de milliers d'anciens étudiants n'ont pas les moyens de payer leurs prêts aux écoles et aux collèges. Encore une fois, regardez Cuba, où les gens peuvent aller gratuitement de la maternelle à l'école de médecine. Et pas seulement les Cubains. Les étudiants peuvent aller à l'école de médecine à Cuba, même s'ils ne viennent pas de Cuba. Et rappelez-vous, Cuba n'est pas un pays riche. Il fait ce qu'il fait, parce qu'il consacre ses ressources [médecine] au service public.

Qu'importe si l'Amérique, avec toutes ses richesses, n'a pas pu empêcher la mort d'un million de personnes à cause du COVID-19 ? En fait, vous pouvez aller dans n'importe quel ghetto en Amérique et voir la faim et la pauvreté. Des gens qui vivent dans des déserts alimentaires, des sans-abris. Vous trouverez également le plus haut niveau d'emprisonnement au monde.

Alors pourquoi les nations pauvres devraient-elles écouter les nations riches ? Qu'ont-elles à nous apprendre ? Racisme, lutte des classes, flics violents, politiciens corrompus, hommes d'affaires avides et militarisme. Les pauvres et les exclus du monde n'ont que les autres. Si nous travaillons en solidarité, nous pouvons sûrement faire mieux.

Muchas gracias.

Mumia Abu-Jamal

#FREEMUMIA

Free Mumia ! Free Mumia Now !

Intervention de Jacky Hortaut au nom de la délégation française (*) présente au rassemblement de Philadelphie le 24 avril 2024 devant le Bureau du Procureur de Philadelphie

Chers amis,

Notre délégation est particulièrement heureuse d'être à vos côtés en ce 70ème anniversaire de la naissance de Mumia. Nous lui rendrons visite demain à la prison de Mahanoy.

Ce jour est un grand moment de solidarité internationale pour exiger sa libération et lui apporter à nouveau le soutien qu'il mérite pour saluer son courage malgré les souffrances physiques et mentales qu'il doit supporter depuis plus de quatre décennies.

C'est aussi pour exprimer notre colère face à un déni de justice qui n'a que trop duré !

C'est encore pour formuler l'exigence qu'enfin un peu d'humanité chasse l'acharnement des autorités de Pennsylvanie qui ont le pouvoir de mettre un terme à cette mort lente par incarcération sans possibilité de libération conditionnelle.

Le Gouverneur de Pennsylvanie et le Procureur de Philadelphie ont en effet ce pouvoir comme en attestent plusieurs libérations récentes de prisonniers. Mumia ne saurait être l'exception à cette règle légale et constitutionnelle au regard du droit dans cet État. Ainsi, allons-nous leur remettre aujourd'hui plus de 1.000 pétitions de personnalités françaises demandant sa libération immédiate et sans condition. Les signataires sont des élus nationaux et locaux, des écrivains, des artistes, des syndicalises et des responsables d'organisations de défense des droits humains.

Libérer Mumia, c'est dire NON au racisme institutionnel et aux discriminations qui en découlent. C'est dire OUI à la justice pour tous.

Nous avons empêché son exécution, nous l'avons sorti du couloir de la mort, nous devons gagner sa libération pour qu'il rejoigne sa famille et qu'il puisse se soigner.

Free Mumia ! Free Mumia Now !

C'est ce que nous exprimons aujourd'hui par notre présence devant le Bureau du Procureur de Philadelphie et sous les fenêtres de la représentation du Gouverneur de Pennsylvanie, tout comme les soutiens français qui se rassembleront dans quelques heures à Paris.

(*) La délégation française à Philadelphie :

- Ian Brossat, Sénateur de Paris et co-président du groupe communiste au Conseil municipal de Paris
- François Sauterey, co-président du Mouvement contre le racisme et pour l'amitié entre les peuples (MRAP)
- Steve Zadé, co-animateur du Collectif Libérons Mumia
- Jonathan Lere, webmaster responsable du site internet du Collectif Libérons Mumia
- Jacky Hortaut, co-animateur du Collectif Libérons Mumia (représentant de la CGT)

Didier Gérardin (France)

LIBERTÉ FOR MUMIA!
S. BRAVO

TONS CLAIRS + FONCÉS

SATURER LA BANDE-ROLE

François Miehe (France)

Libérer Mumia, un combat universel !

1982, c'est l'année de la guerre des Malouines avec Mme Thatcher. C'est celle de la mort de Louis Aragon. N'a-t-on pas l'impression qu'il s'agit d'une époque lointaine appartenant déjà aux livres d'Histoire ? C'est pourtant cette année-là qu'à 27 ans, Mumia, coupable idéal, était emprisonné, condamné à mort par un jury exclusivement blanc dans un procès inéquitable et sans preuves.

Depuis, Mumia n'a cessé de se battre pour faire entendre sa voix, cette « voix des sans-voix » qu'il est devenu en raison de sa critique de la corruption et du racisme de la police et des dirigeants politiques à Philadelphie. Cette voix, il en usera pour dénoncer la violente répression de la communauté MOVE, des Blacks Panthers. Il la portera jusqu'à en perdre son emploi de journaliste avant de devenir chauffeur de taxi. Et de se retrouver pris au piège dans une fusillade où un policier blanc perdra la vie et où il sera lui-même grièvement blessé.

1981, c'était sa dernière année d'homme libre et le début d'une longue lutte juridique et politique, un combat contre la peine de mort dont il est devenu l'une des figures emblématiques dans le monde.

Mais rien ne saurait faire taire Mumia, qui de sa prison continue son combat contre l'oppression raciale et de classe. Une lutte qui dépasse aujourd'hui le cadre des droits civiques américains et devient universelle. Une mobilisation relayée aux États-Unis et dans le reste du monde, par des associations, des ONG et de nombreuses personnalités.

Depuis le début, le Parti communiste français (PCF) se tient aux côtés de Mumia et à travers lui se bat pour un monde débarrassé de toutes formes de dominations et de discriminations. Ses militants, en tant que membres actifs du collectif Libérons Mumia sont présents dans les rassemblements, participent au rendez-vous de protestation chaque premier mercredi à proximité de l'ambassade des États-Unis place de la Concorde à Paris, organisent des collectes de fonds et des campagnes d'emailings massives appelant à sa libération.

Depuis 1995, date à laquelle Georges Marchais sollicitait, le Président Jacques Chirac pour qu'il se mobilise contre l'exécution de Mumia, tous les dirigeants nationaux du PCF, de Robert Hue à Marie-Georges Buffet, de Pierre Laurent à Fabien Roussel se sont engagés pour soutenir sa demande d'un nouveau procès en dénonçant ses conditions inhumaines de détention ou encore en lui rendant visite en prison comme l'ont fait Marie-Georges Buffet et le directeur du journal l'Humanité, Patrick Le Hyaric.

En 2001, à l'initiative des élus communistes de la Ville de Paris, la toute première citoyenneté d'honneur de la Ville lui fut attribuée. C'est Pierre Mansat, alors adjoint de Bertrand Delanoë, qui représenta ce dernier lors d'une visite à Mumia en prison. Dans les années qui suivirent, le groupe communiste avec les élus de gauche ont multiplié les vœux relatifs à ses conditions de détention inacceptables. En 2006, la mairie communiste de Saint-Denis inaugurait même une rue Mumia Abu-Jamal, à deux pas du Stade de France qui déclencha un tonnerre de haine du côté de la police de Philadelphie.

Plus récemment, en avril 2024, à l'occasion des 70 ans de Mumia, le sénateur communiste de Paris Ian Brossat lui a rendu visite avec une délégation française.

Depuis plus d'un quart de siècle, cette solidarité unitaire d'une centaine d'organisations membres du collectif Libérons Mumia et de collectivités territoriales, symbolise la résistance de cet homme qui a consacré sa vie à la lutte pour l'abolition universelle de la peine de mort et contre toutes les formes d'injustice et de discriminations aux États-Unis et dans le monde.

Aujourd'hui, cette « voix des sans voix » que certains voulaient faire taire, porte haut l'acte d'accusation de l'Amérique raciste et résonne avec le mouvement Black Lives Matter.

Il y a un peu plus d'un an, sa demande de révision de son injuste condamnation a été à nouveau déboutée. La justice de Pennsylvanie persiste et signe dans son refus de s'opposer à la manifestation de vérité : Mumia n'est pas coupable, Mumia est victime. Mais après 42 ans d'incarcération, dont 30 passés dans le couloir de la mort, il y a urgence à sortir cet homme de l'enfer carcéral car sa santé se détériore de façon plus qu'alarmante.

Aujourd'hui, nous sommes toujours et encore mobilisés pour faire grandir cette exigence : Libérons Mumia !

Ian Brossat

co-président du groupe communiste au Conseil de Paris et sénateur de Paris

Raphaëlle Primet

co-présidente du groupe communiste au Conseil de Paris

LIBERTÉ POUR MUMIA ABU-JAMAL

Billy Margueron (France)

Mobilisée pour la libération de Mumia Abu-Jamal

La Fédération Internationale des Journalistes (FIJ)

Notre confrère afro-américain, Mumia Abu-Jamal, vient de « fêter » son 70ème anniversaire derrière les barreaux du centre pénitencier de Frackville dans l'État de Pennsylvanie (USA), accusé du crime d'un policier à Philadelphie le 9 décembre 1981, des faits qu'il a pourtant toujours niés sans pouvoir faire valoir les preuves de son innocence.

Depuis 43 ans Mumia est privé de liberté.

Condamné à mort à l'issue d'un procès entaché de partialité et de racisme, qu'ont condamné de très nombreuses ONG à l'exemple d'Amnesty International, mais aussi le Parlement européen, et la Commission des droits de l'Homme de l'ONU, Mumia a été sauvé par deux fois de l'exécution grâce à la mobilisation internationale.

Après avoir passé trois décennies dans le couloir de la mort, sa condamnation à mort a été commuée en 2011 en une peine d'enfermement à perpétuité sans possibilité de libération conditionnelle. Depuis, avec ses équipes de défense et ses soutiens dans le monde entier, dont de nombreux syndicats de journalistes, Mumia lutte toujours pour sortir de l'enfer carcéral.

Au-delà de la bataille juridique, aujourd'hui l'urgence est d'obtenir sans condition sa libération du fait de la dégradation très importante de son état de santé qui à terme pourrait mettre sa vie en danger.

Malgré ses souffrances, Mumia poursuit sans relâche dans sa cellule son travail de journaliste, écrit des livres et commente régulièrement l'information sur Prison Radio, le seul média qui donne la parole aux détenus et à leurs familles.

La FIJ, forte de ses 600.000 adhérents dans le monde, met tout en œuvre pour que la solidarité internationale permette enfin à celui qu'on surnomme la « Voix des sans voix » de recouvrer la liberté afin de rejoindre sa famille après près d'un demi-siècle d'enfermement. Lors de son dernier congrès à Oman, plus de 300 journalistes ont signé une pétition demandant au Gouverneur de Pennsylvanie de le libérer sans condition.

En signe de sa totale solidarité, la FIJ a attribué une carte de presse internationale à Mumia en sa qualité d'adhérent au syndicat américain NWU.

Le combat pour la libération de Mumia Abu-Jamal rejoint les luttes que mène la FIJ et ses membres sur les cinq continents pour le droit des journalistes à faire leur métier, pour la liberté de l'information, pour la défense des droits humains, des combats qui passent par la lutte contre l'impunité, contre tous les racismes et pour faire abolir la peine de mort.

Anthony Bellanger

Secrétaire Général de la FIJ

C'est au nom de la Ville de Paris que j'écris ces quelques mots de sincère soutien et de solidarité pour Mumia Abu-Jamal, premier Citoyen d'Honneur de notre capitale depuis le 4 décembre 2001. Un homme de courage qui s'est vu confisquer sa liberté il y a maintenant quarante-deux ans à la suite d'une série de procès iniques, racistes et expéditifs. Mumia Abu-Jamal est devenu un emblème de la lutte contre la peine de mort et le racisme aux Etats-Unis, en France, dans le monde. Ses combats sont aussi ceux portés par la Maire de Paris, Anne Hidalgo, à Paris et ailleurs. L'attribution de la citoyenneté d'honneur à Mumia matérialise clairement le soutien de la Ville de Paris, qui est en étroit lien avec son collectif de soutien en France et se mobilise en interpellant les juges nommés pour ses procès. Elle permet, autant que faire se peut, de protéger celles et ceux qui sont menacés par les ombres de notre monde. D'ailleurs, certains Citoyens d'Honneur, comme Youri Bandajevsky et Nabil Rajab ont été libérés mais de nombreux défenseurs des droits attendent encore un traitement équitable et juste. C'est ce que j'appelle de mes vœux pour Mumia qui a déjà vécu les deux tiers de sa vie en prison. Cette situation insoutenable doit cesser ! Paris, capitale des droits humains, appellera encore et toujours à sa libération immédiate. C'est la seule justice qui vaille pour Mumia. Je rejoins donc avec honneur et solennité l'engagement de ces 100 artistes qui soutiennent Mumia partout dans le Monde afin que jamais sa voix ne cesse de guider la nôtre.

Jean-Luc Romero-Michel

Adjoint à la Maire de Paris, chargé des droits humains, de l'intégration et de la lutte contre les discriminations

Pachi Muruchu (USA)

Éclairé et récalcitrant

Il y a quelques années je me souviens avoir lu un livre biographique de la maison d'édition Le Temps des Cerises concernant Mumia Abu-Jamal intitulé « un homme libre dans le couloir de la mort ». Écrit par Claude Guillaumaud Pujol, une universitaire française spécialiste des États-Unis, il relatait notamment la machination montée par la police de Philadelphie connue comme l'une des plus cruelles, racistes et mafieuses de ce pays. Ce n'est pas peu dire. La préface du livre signée par le fils cadet (Robert Meeropol) d'Ethel et de Julius Rosenberg exécuté en 1953 accusé d'avoir transmis le secret de fabrication de la bombe atomique à l'URSS - m'avait particulièrement frappé. Comparant la machination judiciaire dont ses parents ont été les victimes, il fit référence à un compte-rendu du FBI qualifiant sa mère « d'éclairée et récalcitrante » pour en conclure sa préface par ces mots « Mumia est aussi éclairé et récalcitrant ». Cette référence est restée gravée dans ma mémoire.

Dès les toutes premières mobilisations, la CGT fut membre du collectif de soutien à Mumia Abu-Jamal. Elle y jouera jusqu'à aujourd'hui encore un rôle déterminant. Cet engagement correspond à nos valeurs les plus profondes fondées dès la naissance de la CGT, affermies au cours de décennies d'épreuves et de combats nationaux et internationaux. Si nous sommes parties prenantes de la lutte aux côtés de Mumia c'est que cette lutte fait aussi échos de façon particulièrement évocatrice à ce que vivent aujourd'hui les militantes et militants de la CGT.

Les syndicalistes ne sont ni des voyous, ni des criminels, comme l'establishment étatsunien poursuit de sa haine le journaliste Mumia. Depuis toujours, la CGT mène campagne contre la répression dont sont victimes ses militants pour le seul motif qu'ils défendent les intérêts des salariés. Au-delà de la répression patronale, soutenue dans la plupart des cas par les gouvernants, on constate aujourd'hui en France une volonté politique de criminaliser les luttes sociales en judiciarisant l'activité syndicale. Pour ce faire, le patronat n'hésite plus à user et à abuser de porter les conflits sociaux devant les tribunaux et les juridictions correctionnelles.

De plus en plus souvent l'action revendicative est réprimée avec un double objectif : empêcher toutes velléités de mobilisation et faire pression sur les adhérents et les militants syndicaux, moteurs de la conscience de classe. Il y a déjà belle lurette que la bourgeoisie, le capitalisme à son stade impérialiste a jeté par-dessus bord ses objectifs démocratiques et de développement porteur de la mise en cause du féodalisme. Aux États-Unis, il aura fallu des

siècles pour abolir l'esclavagisme, frein au développement des forces productives. Embourbée dans ce système raciste, la bourgeoisie américaine n'a toutefois pas mis un terme à la violence sociale.

Il suffit de se remémorer les machinations, les traquenards, les assassinats, les emprisonnements, voire les exécutions de syndicalistes. La société américaine est jalonnée de tels actes contre lesquels se sont levés les combattants pour le progrès social, la liberté, la démocratie, la solidarité internationaliste dont Mumia est porteur et perpétue avec grandeur. *Une Histoire populaire des États-Unis de 1942 à nos Jours* de Howard Zinn a magnifié ce chemin de luttes.

L'exemple de Mumia Abu-Jamal démontre que l'humanité n'en a pas fini avec cette violence dont sont coupables ceux qui dirigent aujourd'hui ce que d'aucuns dénomment « l'occident ».

Depuis quelques années, dans notre pays prétendu des droits de l'homme, il est fréquent que des camarades soient arrêtés, mis en examen et condamnés par les tribunaux à des peines de prison. L'image en boucle dans les médias de la police arrêtant des syndicalistes chez eux à leur domicile dès l'aube n'est pas anodine. De militants syndicaux, ils deviennent des délinquants, des bandits devant l'opinion publique.

Le summum revient certainement à un ancien président du patronat français, Pierre Gattaz, qui a comparé la CGT à l'organisation Daesh. Pour cela, il n'a été condamné par la justice de classe qu'à un euro symbolique. Une honte ! Cet acharnement va jusqu'à déformer le vocabulaire, qualifiant les conflits sociaux de prise d'otages des usagers lors des grèves. Cette criminalisation de l'action syndicale en France est un recul pour tous les droits humains dans le monde.

Face à cette situation, il faut renforcer la solidarité internationale entre les travailleurs du monde entier afin de combattre toutes les formes d'oppression avec l'objectif d'élever les droits du travail et les libertés syndicales. La mobilisation pour la libération de Mumia s'inscrit plus largement dans une démarche humaniste, combative, solidaire et démocratique. Avec la culture au cœur sous toutes ses formes, à l'exemple de ce livre d'Art consacré à Mumia, nous devons renouer avec l'éducation populaire permettant ainsi une véritable émancipation de la classe ouvrière contre l'obscurantisme et sans formatage des consciences. Nous sommes particulièrement fiers de notre soutien au magnifique combat de Mumia, mené depuis quatre décennies. Son combat est plus que jamais le nôtre.

Free Mumia now !

Philippe Martinez

Secrétaire général de la CGT (2015-2023)

Lina Goudjil (France)

Les soutiens à Mumia en France et dans le monde

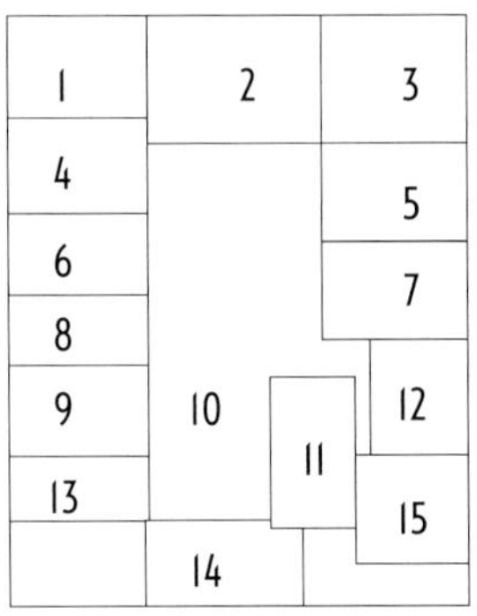

1 • Délégation française et allemande au congrès mondial contre la peine de mort à Berlin
2 • Manifestation à Philadelphie
3 • Manifestation accompagnée par la police de Philadelphie
4 • Manifestation à Los Angeles (USA)
5 • Rassemblement à Paris à proximité de l'ambassade des États-Unis
6 • Remise de la Citoyenneté d'Honneur à Mumia Abu-Jamal par le maire de Paris (4 octobre 2003)
7 • Inauguration du portrait mural de Mumia en présence de Jamal Jr (petit-fils de Mumia), des artistes et de Pierre Garzon, maire de Villejuif (France)
8 • Visite à Mumia d'une délégation française à la prison de Frackville (Pennsylvanie)
9 • Robert Badinter au stand Mumia lors du congrès mondial d'Oslo contre la peine de mort
10 • Manifestation à Philadelphie (Pennsylvanie)
11 • Collection USA
12 • Le manuscrit de la Citoyenneté d'Honneur
13 • Délégation française en manifestation devant la Maison Blanche à Washington
14 • Collection USA
15 • Visite à Mumia d'une délégation française à la prison

Mumia Abu-Jamal est citoyen d'honneur de 25 villes françaises

Allonnes (72) / Auby (59) / Bagneux (92) / Bobigny (93) Champagné (72) / Clermont Ferrand (63) / Comps (30) Fleury Mérogis (94) / Ivry (94) / Longueau (80) / Mailhac (11) / Malakoff (92) / Montreuil (93) / Mont Saint Martin (54) / Pantin (93) / Paris (75) / Pierrefitte (93) / Portes lès Valence (26) / Sainte Anne (Martinique) / Sauveterre du Gard (30) / Sète (34) / Stains (93) / Valenton (94) / Villejuif (94) Villetaneuse (93)

Les villes de Saint-Denis (93) et de Bobigny (93) ont nommé une rue à son nom

Les villes qui le soutiennent dans le monde

Copenhague (Danemark) / Montréal (Québec) / Palerme (Italie) / San Francisco (USA) / Venise (Italie)

Les organisations francaises demandant sa liberation

ACCA / ACTIT / AFRICA / Afrique n° 1 / Alternative Libertaire / ARDHIS / ASEP / AVICENNE Mont Saint Martin / Cercle Frantz Fanon / CGT Livre / CHSI / CNRL / Collectif Artistes / Collectif Faty Koumba / Collectif International Panafricain / Comité Balbynien / Confédération CGT / CNT / Conscience Noire / Coord. Nat. des Sans Papiers / CSIA / COSIMAPP / Droits Devant !! / Droit au Logement / Ecole Emancipée / Ensemble contre la peine de mort / Espace Che Guevara Le Havre / Europe Ecologie Les Verts / Fédération CGT-PTT / Fédération CGT Banques & Assurances / FETAF / FFACE / Fédération Nationale des Déportés et Internés, Résistants et Patriotes FNDIRP / France Insoumise / Fréquence Paris Pluriel / France Libertés / FSU / Gauche Démocratique et Sociale / Groupe de soutien à Leonard Peltier / Iles & Solidarité / Images d'ailleurs / JCR / Jeunesse Etudiante Chrétienne / JRE / Just Justice Tours & Clermont / Les Alternatifs / Les Amis de la Commune de Paris / / Le Mouvement de la Paix / Ligue des Droits de l'Homme / Lutte Ouvrière / MAKI / MIB / MJCF / MRAP / NPA / Parti Communiste Français / Partisan / Ras l'Front / Réseau Concorde / SNESup / Socialisme par en bas / Soleil pour tous / SOS Racisme / SOS Démocratie Comores / SUD Collectivités territoriales / SUD Culture / SUD Education / SUD PTT / Syndicat de la Magistrature / Syndicat journalistes SNJ/CGT / TEMPOC / UD-CGT Paris / UNEF / Union Juive Française pour la Paix / URSAF-CGT Agroalimentaire RP / US Journalistes CFDT.

Institutions et organisations internationales condamnant le déni de justice dont il est la victime

La Commission des Droits de l'Homme de l'Organisation des Nations Unies, le Parlement Européen - Amnesty International - la Fédération Internationale des Journalistes, la Fédération Internationale des Droits de l'Homme et des centaines d'organisations nationales et régionales du monde entier.

EE MUMIA – FREE THEM ALL !
ine Gesellschaft ohne Knäste & ohne Todesstrafe – überall !
www.freiheit-fuer-mumia.de
MUMIA NOW!
NO JUSTICE, NO PEACE!
MOBILIZATION4MUMIA
WEST
Penn
FREE MUMIA ABU-JAMAL
FREE ALL POLITICAL PRISONERS
AVENGE SHAKA SANKOFA!
FREE MUMIA
not one more lynching!
International Action Center
L.A. Coalition to Stop the Execution of Mumia Abu-Jamal
Tel. 323-653-4510
ABOLITION UNIVE
JUSTICE ET LIBERTÉ
Monsieur Mumia Abu-Jamal
est élevé à la dignité
de
Citoyen d'Honneur de Paris
Décision du Conseil de Paris du 4 décembre 2001
Paris, le 4 octobre 2003
Bertrand Delanoë
Maire de Paris
MUMIA Abu-Jamal
IS INNOCENT
NO Execution!
NO Life Sentence!
International Action Center
UNE SEULE JUSTICE POUR MUMIA : SA LIBERATION !
JUSTICE FOR MUMIA : FREE MUMIA NOW !
Collectif français de soutien à Mumia Abu-Jamal
French Collective for Mumia Abu-Jamal
INNOCENT
Mumia's struggle is about JUSTICE FOR ALL OF US

L'HUMANITÉ . MARDI 9 NOVEMBRE 2010 . N° 20518 . 1,30 €
l'Humanité
MUMIA ABU-JAMAL
Arrachons-le à la mort !
La cour d'appel de Pennsylvanie risque de le condamner définitivement à la peine capitale. De Danielle Mitterrand à Gérard Mordillat, des voix appellent dans nos colonnes à s'opposer au crime. Réagissez auprès de l'ambassade des Etats-Unis.
CAHIER CENTRAL
MUMIA!
AFTER 30 YEARS ON DEATH ROW
NO TO THE "SLOW DEATH PENALTY"
"I WANT TO GO HOME!" — MUMIA ABU JAMAL 1/21/13
LIBÉRONS MUMIA!
WWW.MUMIABUJAMAL.COM
SPECIAL REPORT
LONG DISTANCE REVOLUTIONARY
MUMIA-THEMOVIE.COM
NEW AND FAVORABLE DEVELOPMENTS IN THE CASE OF
MUMIA ABU-JAMAL
SATURDAY
JAN. 12, 3:00 P.M.
THE PEOPLE'S FORUM
320 W 37TH ST., NYC
SPEAKERS
BLACK PANTHER PARTY
1969
ACCUSÉ DU MEURTRE D'UN POLICIER
COUPABLE IDEAL
LIBÉRONS MUMIA!
MARCH FOR
40 YEARS OF UNJUST IMPRISONMENT IS 40 YEARS TOO LONG!!
13TH ST
LOCUST ST
SAT. DEC. 11TH AT 1PM
STARTING AT THE
OCTAVIUS V. CATTO MEMORIAL~CITY HALL
Philadelphia
More info & press: freemumia.com • 212-330-8029
FREE MUMIA
ABU-JAMAL
abolish the death penalty
PHILLY
LOVE ME OR HATE ME I'M YOURS !
- MUMIA ABU JAMAL

On a move
freedom
Janine Phil
Eddie Janet
Delbert Chuck
Merle
Mike Debbie
"The power of truth is final" - John Africa
NITED NATIONS Liaison Group
NG WITNESS
E OF
A ABU-JAMAL
WENDELL GRIFFEN
RIAL JUDGE, ARKANSAS
WEST
IAN, UNION THEOLOGICAL SEMINARY
AKOFF
N THE CRIME SCENE, 1981
A FERNÁNDEZ
IAISON TO ABU-JAMAL LEGAL TEAM
YANT
GANIZER
NT HILL
IVIST
NGTON JR.
OF JOURNALISM
T, MARCH 11, 2023
4PM ET
First United Methodist Church
6001 Germantown Avenue
LIVE STREAM
https://linktr.ee/mumia
La Poste
FRANCE
MUMIA ABU-JAMAL
121009001_01_001
LETTRE PRIORITAIRE 20 g
Phil@poste
Acto Politica-Cultural
BERTAD
UMIA
BU-JAMAL
DANZA PREHISPANICA
INDIOSSINDIOS
GUERRILLA BANG BANG
ERROR EN EL SISTEMA
EVA PALMA
ARGELIA GUERRERO
RAS LEVY
BETÚN VALERIO
SICOSOMA
CHINGONA SOUND
SÁBADO 9
DICIEMBRE 2023
EMBAJADA EE.UU.
12:00 PM
LIBÉRONS MUMIA!
LE COLLECTIF FRANÇAIS LIBÉRONS MUM
VOUS PRÉSENTE SES MEILLEURS VŒUX POU
LIBERTÉ POUR MUMIA !
Freedom for Mumia !
Uhuru kwa Mumia !
Freiheit für Mumia !
Libertad para Mumia !
Liberdade para Mumia !
Libertà per Mumia !
Mumia 的自由！
Vrijheid voor Mumia !
Свобода для Mumia !
Vryheid vir Mumia !
ABOLITION UNIVERSELLE
DE LA PEINE DE MORT
RD
phillyabc.org/rdtw
justice pour
MUMIA
Abu-Jamal
LIBÉRONS MUMIA!
Police
Politicians
Justice
Non
à l'interdiction
du Droit d'Expression des Prisonniers
WE AINT FREE
EE
Z
www.rashidmod.com
RASHID

3

ART & POLITIQUE

Je voue une éternelle reconnaissance à ce flic anonyme, car son coup de pied m'a expédié tout droit chez les black Panther. (Mumia)

L'art est l'évasion intérieur de la prison du confrormisme

Mes amis en France !

Que représente l'art pour moi ?
Quelle signification pour notre mouvement ?

Si vous m'avez déjà entendu parler de l'art, vous m'avez sûrement entendu dire : « L'art nous rend humain ». Cela nous permet de partager ce qu'il y a de plus profond en nous. Par exemple, pensez au tableau « Guernica » de Picasso. C'est une réponse artistique aux tortures et aux ravages de la guerre. Personne ne peut le regarder sans voir la guerre dans toute sa violence, son horreur, son chaos et ses pertes.

En tant qu'artiste, l'art a d'autres significations, un peu plus légères.

Lorsque les enfants peignent, ils le font avec l'abandon absolu d'être totalement dans ce moment exquis de création comme si rien d'autre n'existait ou n'avait d'importance. Les adultes aussi vivent ce moment intemporel de création artistique, de ressusciter cet enfant intérieur, de jouer avec de la peinture, des stylos, des crayons et des pinceaux, pour recréer une vision qui oscille en nous.

J'adore faire de l'art, avec l'aquarelle, l'acrylique, les notes de musique ou même l'écriture. Ces formes d'expression de soi me ravissent et me détendent. C'est toujours un voyage intérieur pour créer quelque chose à l'extérieur, ou comme cadeau à un membre de la famille, un ami ou un être cher.

L'art est l'évasion intérieure de la prison du conformisme.

C'est la pointe de la flèche de l'individualité à travers le caractère unique de l'expression humaine. L'art, sous toutes ses innombrables formes, est une expression humaine distinctive. C'est un geyser d'imagination qui existe depuis que les humains se blottissent dans des grottes, cherchant un abri contre la tempête. L'art est un « cri de cœur » (en français dans son texte), une comète qui s'élève vers le ciel et déclare : « Voici un être humain ! ».

Mumia Abu-Jamal

Hervé Di Rosa (France)

LIBEREZ
MUMIA
H.DI ROSA·22

Georges Cantin (France)

La Nation Vampire

Dès le début
Jusqu'à ce jour,
Ce pays a suivi une voie qui lui est propre.
Mettre des chaînes aux Indiens puis dans des tombes.
Jusqu'à faire traverser des Africains de l'autre côté des flots.

Comment peut-on appeler ce pays la terre de la liberté ?
Alors qu'il a été construit par les mains de l'esclavage !
À partir de 1492, plusieurs millions furent tués.
Depuis le jour où Columbus a navigué dans l'océan bleu.
C'est - c'est - une Nation Vampire !
Et ce, depuis sa création !
C'est - c'est - une Nation de Vampires !
Je le chante sans exagération !

Mais pourquoi l'appeler la Nation des Vampires ?
Ce n'est pas la génération Dracula.
Parce que l'Amérique était vieille avant que cette histoire ne soit racontée.
Ils sont venus en masse, pour se nourrir du sang des autres.
Ils ont saigné les Cherokee, les Ashanti, les Arapaho et les Mandingues.
Ils les ont fait travailler jusqu'à ce qu'ils n'en soient plus capables.
Ils les ont fait courir d'une rive à l'autre !

Pourquoi l'appeler la Nation Vampire ?
Ce n'est pas la génération Dracula ;
C'est une Nation de Vampires !
C'est comme ça depuis sa création !
C'est - c'est - c'est une Nation de vampires !
Dites-le sans hésitation !

Opéra pour voix, piano, saxophone soprano, contrebasse et batterie / Musique et paroles de Mumia Abu-Jamal

MUMIA

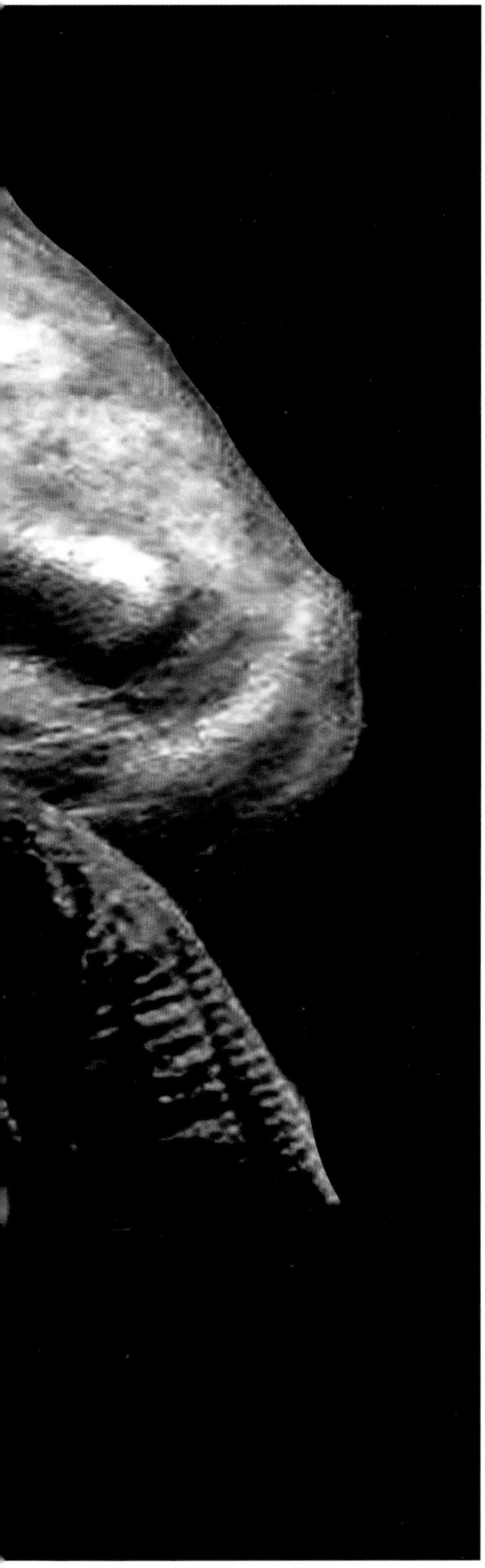

Guerrier souverain éperonné par les passions
Marqué par la tourmente et la tragédie
Mumia l'homme qui donne la parole aux sans voix
Subit dans son coeur et sa chair les effets de l'arrogance des blancs
Inscrit dans la lignée des grands nègres marrons
De ces grands Haïtiens valeureux
De Mackendal et de Romaine la Prophétesse,
De Biassou et de Jean-François,
De Boukman et de Boisrond Tonnerre,
De Toussaint Louverture et de Dessalines,
Il dénonce cette civilisation du lucre et de l'argent
Qui fourvoie les esprits et les corps
Malgré le cauchemar carcéral Mumia reste lucide
Donnant raison à Henry David Thoreau
Pour qui sous un gouvernement capable d'emprisonner injustement
La vraie place pour un juste est aussi une prison

Oh ! Le silence parcouru de frémissements figés sur ses lèvres serrées
En dépit du règlement
Mumia avait écrit des reportages sur la vie des prisonniers
Et en avait touché des honoraires
Mumia savait qu'il faisait commerce illicite d'écriture
Dans une langue vibrante de générosité et d'amour
Ce condamné à la peine capitale offrait une fenêtre ouverte
Sur l'âme de tous ceux qui attendent une mort programmée mais maintes fois différée
Dans le silence glacial de couloirs aseptisés, insonorisés
Sous les caméras du monde entier
Ah ! Quel réconfort
Que le bruit de la climatisation et de sa propre respiration
Que ce beau sentiment de pouvoir s'accompagner soi-même
Dans un bref et définitif monologue
Sous les regards pathétiques d'amis inconnus
Aucune magie ne peut dissoudre ce venin de la poudre de beauté
Indispensable pour rayonner sur le petit écran
Déposé sur le visage d'un homme à qui on ne donnera plus la parole
Le seul anti-poison reste l'écriture
Qui fait sauter les menottes et libère les doigts
Le papier s'offre alors à la gravure lumineuse des mots
Pour dire au monde la douleur de tous les exils
l'exil du lieu de naissance par la violence
l'exil du lieu de renaissance par la misère
l'exil du lieu de connaissance par l'ignorance.

Ce tissage lent et minutieux de la trame d'une vie
Lance un défi
Nous empêche d'esquiver la question cruciale
Pouvons-nous continuer à nous taire
Oui, comme le dit Mumia,
« Nombreux sont ceux parmi nous qui ne manqueront pas d'être pris à la toile de ce livre »,
Nous ne pourrons plus dire que nous ne savions pas

Claude Sauloy (France)

Depuis le couloir de la mort
Ce journaliste engagé crie son innocence
Porte-parole des démunis
Il dénonce le viol des droits civiques
Chassé de toutes les stations de radio et de télé
Acculé à devenir chauffeur de taxi
Il veut défendre son frère, chauffeur de taxi comme lui,
Aux prises avec la police
Grièvement blessé lors de cette échauffourée
Au sortir du coma
Il est arrêté pour homicide sur un policier
Par un juge qui ne lui pardonne pas d'être encore en vie
Mais Mumia usant de son droit d'écrire et d'étudier en prison
Tient à se représenter lui-même à son propre procès
Revendique son statut de prisonnier politique
Porteur dès 1972 du béret des Black Panthers
Barré de la mention lapidaire : Mort.
Il doit être condamné à mort
Ce n'est pas un prisonnier politique
Mais un homme à liquider
Voilà ce que déclarent sous serment
Des témoins grassement soudoyés
Qui reviennent sur leurs déclarations quelques années plus tard
À Philadelphie dans le couloir de la mort on
compte neuf noirs pour un blanc
Il clame son refus d'une mort injuste
Proteste contre le déni de droit qui frappe tous les nègres
Il veut exorciser le temps du K.K.K.
Ce temps où des nègres aux corps mutilés
Pendus sans procès ou traînés par des voi-
tures bourrées de sudistes blancs
Pourrissaient dans les miasmes et dans l'indifférence
Dans toutes ces villes au coeur surgelé
Aux artères et aux veines exsangues
Il faut faire lire le témoignage de Mumia
Sur ces corridors étincelants
Sur ces carrelages brillants
Sur ces murs blanc cassé
Sur ces chaînes, ces fenêtres et ces rampes bleu acier
Sur ces effluves de cire, de détergents fleuris
Et de parfums artificiels
Qui conduisent à la mort instrumentalisée, médicalisée
Toutes ces dalles aseptisées
Décorées comme des catacombes
Plantent un décor factice et lugubre
Pour faire oublier l'homme dans sa chaleur et son intégrité
Poussons donc le grand cri nègre des marrons d'Haïti
La liberté ou la mort

Mumia, à la carrure d'athlète, de haute taille
À la joie de vivre grande comme la planète
Est enfermé dans un box trop exigu pour deux chiens
Son éloquence charnelle, ses yeux brillants
Son sourire trempé dans l'expérience
Nous appellent
Que Dieu, au point du jour, apporte la grâce

À cet homme du ghetto, au parler vrai
Prisonnier de sa conscience
Viscéralement attaché aux idéaux des droits de l'homme
Mumia ne cesse de faire entendre sa voix.
Nous, ses frères et ses soeurs
Liés à lui par la même condition nègre
Nous lui emboîtons le pas sur le sentier de la vie
Sa parole vivante, vibrante
Traverse les barrières de béton et d'acier
Et vient nous stimuler

Le geste silencieux de ses mains mimant une coupe
Poignets menottés, mais paumes offertes et doigts déployés
Imprime en nous une image de paix
Si l'aumônier sort du confessionnal où se tient Mumia
Emerveillé par la sérénité de ce condamné
C'est que le geste et la parole se sont conjugués
Pour transformer ces deux hommes
La solitude n'est qu'une illusion
Affirme cet homme qui vit cloîtré dans une prison
Sur l'un des sites les plus isolés du monde
Les chambres de la mort aux U.S.A.
Ne sont pas aussi hermétiquement scellées
Que l'imaginent leurs concepteurs
Elles ne peuvent interdire à l'esprit d'y accéder, d'y circuler.
Lorsqu'un écrivain met son âme à nu dans son oeuvre
Une parcelle de celle-ci voyage vers chaque lecteur

Ah ! Mumia, continue d'écrire de ce lieu sans issue
Montre nous le chemin de l'éternité
Dénonce avec toujours plus de force et de flamme
Ce système économique et juridique
Qui mutile les âmes
Enseigne la rancune et la haine
Veut réduire au silence les hommes lucides
Et gangrener l'honneur.

Il faut donner aux opprimés, aux damnés du monde
La parole de justice et de vérité
Même si les politiciens, les carcérocrates
Les médias joufflus s'y opposent

À toi, Mumia, de parler de cet observatoire où on veut t'enterrer
Immense la meurtrissure de ton âme
Mais durant nos insomnies ou nos voyages quotidiens
Nous te lirons
Et nous prierons pour les hommes du monde entier
Pour délivrer la planète des oukases des uns et des autres

En Pennsylvanie, dans l'Illinois,
Dans le New-Jersey, à New-York,
En Floride, au Texas,
En Californie,
Les condamnés à mort, c'est-à-dire
Les pauvres et les laissés pour compte du rêve américain
Ne peuvent payer pour avoir un défenseur honnête

Josh MacPhee (USA)

Mumia
Jalil Muntaqim
Albert "Nuh" Washington
Sundiata Acoli
Marilyn Buck
Mutulu Shakur
David Gilbert
Nehanda
Assata Shakur
Herman Wallace
PRISONER
RASHID
6.15
rashidmod.com

La peine de mort, cet assassinat légal
Doit disparaître des sociétés civilisées
Elle ne peut constituer une réponse humaine
À l'oppression imposée par les puissants

Mumia Abu Jamal, de son vrai nom Welsley Cook
A changé de nom, comme Cassius Clay
Et se bat sur tous les fronts
Comme le Roi David en proie à l'esprit Saint
Mumia symbolise la lutte contre l'oppression raciale
Comme Malcolm X ou Nelson Mandela
Qui chantèrent à mille lieues l'un de l'autre
Le chant de la dignité et de l'égalité
Après Mackandal, Boukman et Toussaint Louverture.

Malgré une vie pleine de tourments et de sacrifices,
Accusé sans véritable preuve
Mais la parole d'un blanc pèse plus que la sienne
Mumia est condamné à mort
Il veut une révision de son procès
Mais les juges l'empêchent de voir ses avocats
Et lui refusent même le droit d'assister à cette révision
Son histoire judiciaire
Comme celle de Lumumba, de Steve Biko et de Mandela
Doit être divulguée sur toute la planète.
La parole de Mumia appelle à la fin des temps torrides
À la grâce des jours heureux

Depuis plus de 20 ans
Mumia fait l'apprentissage de la mort
Tous les jours différée
Tous les jours reconduite
Dans une solitude totale.
Mais il garde les yeux ouverts sur la lumière et l'espérance
Sa voix traverse les murailles de la prison
Pénètre nos esprits et nos coeurs
Mumia doit sortir vivant du cachot
Où des racistes obtus le laissent croupir
Pour continuer à témoigner

Qui peut approuver cette société dite égalitaire
Qui offre à ses déshérités
Oppression sociale et peine de mort
Misère chronique et humiliation quotidienne

Qui peut accepter un monde
Fondé sur l'arrogance et l'égoïsme
Ces détonateurs à la folie meurtrière
De fanatiques d'un autre âge
Mus par la violence
Et captifs de la haine

Mumia, toi l'égal des grands marrons
Fils spirituel de Malcolm X, de Martin Luther King
C'est notre honneur et notre fierté
De t'arracher à la mort
De faire écho à ta ferveur lucide et poétique
Qui chante un monde joyeux et pacifié
Sans préjugés ni archaïsmes
Où tous les peuples
De l'Est à l'Ouest, du Nord au Sud
Vivraient solidaires et créateurs,
Soupirant matin et soir
Jour après jour,
Et d'heure en heure
Après la beauté, la joie et la vérité

Jean Métellus

Kevin Rashid Johnson (Usa)

L'art, la politique et le cas Mumia Abu-Jamal

Tout au long de l'histoire, le lien entre l'art et la politique, en particulier en ce qui concerne les prisonniers politiques, de Galilée à Ethel et Julius Rosenberg en passant par Rosa Parks, a été intime et largement influent. Les artistes ont utilisé leurs œuvres comme des plateformes pour humaniser les détenus, remettre en question le statu quo, fixer des normes plus élevées en matière de liberté et de justice et inspirer des actions en faveur du changement social. Dans les années 1960, aux États-Unis, le Black Panther Party a ouvert la voie au monde de l'art politique. Son artiste résident et ministre de la culture, Emory Douglas, a créé des œuvres d'art visuellement frappantes qui ont rendu des questions sociales et politiques complexes accessibles et urgentes pour un large public. Ses images puissantes mettent en évidence les liens entre la guerre, l'emprisonnement, la police et le pouvoir de l'État, illustrant la manière dont ces forces asservissent collectivement les Noirs et les opprimés du monde entier. Les œuvres de Douglas dépeignent simultanément la dignité, la résilience et les luttes de la communauté noire, transformant l'art politique en un outil de prise de conscience et de mobilisation révolutionnaire. Inspirés en partie par le pop art d'Andy Warhol, lui et les artistes du monde entier ont continué à utiliser leurs palettes pour relier la lutte pour la liberté au sens large à la lutte pour la libération des prisonniers politiques, parmi lesquels Lolita Lebrón, Don Pedro Albizu Campos, Nelson Mandela, Angela Davis, Russell McGee, George Jackson, Huey P. Newton, Martin Sostre, les Six de Birmingham, les Quatre de Guildford et Bobby Sands d'Irlande.

Dans les années 1990, des artistes ont créé des images et des textes puissants pour mettre en lumière le sort des militants incarcérés. Le cas de Mumia Abu-Jamal, vétéran des Black Panthers et journaliste radio condamné à mort pour le meurtre présumé d'un policier de Philadelphie, est devenu un point focal de la création artistique politique. Ses écrits depuis le couloir de la mort et ses propres œuvres d'art ont mis en lumière les conditions inhumaines d'emprisonnement aux États-Unis et dans un monde en crise.

Au XXIe siècle, l'ère numérique a amplifié le rôle puissant de l'art dans le discours politique, où la créativité et la dissidence s'entrecroisent pour refléter, critiquer et façonner le paysage sociopolitique. L'art reste un moyen essentiel de remettre en question l'exploitation et l'oppression politique et de défendre les droits des personnes emprisonnées. Grâce aux arts visuels, à la littérature, à la musique et aux médias numériques, les artistes continuent de mettre en lumière les injustices auxquelles sont confrontés les prisonniers politiques, en encourageant la solidarité mondiale et en incitant à agir pour leur libération.

Jean-Claude Blanchard (France)

MUMIA
ABU-JAMAL
3 JUILLET 82
17 AOUT 95
7 DÉC 99
et maintenant ?

Spone (USA)

Dans les années 1990, alors que Mumia Abu-Jamal risquait d'être exécuté, il est devenu le visage d'un mouvement grandissant contre la peine capitale et le complexe industriel carcéral tentaculaire des États-Unis. La lutte pour empêcher l'exécution de Mumia a coïncidé avec un mouvement mondial qui s'est attaqué à une multitude de problèmes mondiaux - de la dette du tiers-monde et du démantèlement des acquis du secteur public par les gouvernements néolibéraux du monde entier à l'aggravation des inégalités entre les classes sociales et à la culpabilisation des immigrés et des personnes racialisées pour les problèmes de la société.

Alors que la contestation mondiale s'intensifie, les émissions radiophoniques éloquentes de Mumia en prison favorisent les liens entre les rébellions contre les violences policières dans les rues américaines, les prédations des multinationales sur l'environnement, les luttes en cours contre les retombées du colonialisme, du capitalisme, de l'empire et de la guerre, jusqu'à la libération de la Palestine. La voix prophétique de Mumia et son travail ont montré que ces luttes apparemment disparates faisaient partie d'un combat unique et unifié pour la justice. Ses commentaires l'ont rapidement rendu célèbre dans le monde entier en tant que « voix des sans-voix ». Au cours de ces années, j'étais l'un des dizaines de milliers de jeunes gens politisés et inspirés par Mumia, le révolutionnaire emprisonné qui ne voulait pas être réduit au silence et qui défiait l'Empire depuis l'intérieur du cruel donjon du couloir de la mort américain dans lequel il était confiné. Son cas était devenu une introduction à la compréhension du système carcéral américain dans l'ère qui a suivi le mouvement des droits civiques.

Dans les années 1960, l'État a affûté ses outils de répression pour reprendre le contrôle d'une partie importante de la société qui réclamait un changement révolutionnaire. Il a criminalisé et enfermé les radicaux noirs et bruns dans le cadre d'une politique de maintien de l'ordre, qu'il a ensuite déployée plus largement à l'encontre de ce qu'il considère comme les « sous-classes d'Américains ». Avec un dossier du FBI de plus de 700 pages, le suivi de Mumia a commencé lorsqu'il a rejoint le Black Panther Party à l'âge de 15 ans. Dans les années 1980, le procès de Mumia apparaît comme un simulacre de procès dans l'ère post-mouvement des droits civiques, utilisé par la classe dirigeante pour indiquer aux générations futures ce qui pourrait arriver à ceux qui s'engagent dans une résistance politique soutenue. Le cas de Mumia s'inscrit dans une longue lignée d'affaires politiques de ce type, depuis les pendaisons des martyrs de Haymarket jusqu'aux exécutions de Nicola Sacco et Bartolomeo Vanzetti, en passant par celles d'Ethel et Julius Rosenberg.

Le 9 décembre 1981, Mumia Abu-Jamal a été gravement blessé par balle par le policier Daniel Faulkner, puis battu à mort par d'autres policiers et laissé en sang dans un fourgon de police pendant plus de trente minutes avant d'être jeté sur le sol de l'entrée de la salle d'urgence de l'hôpital Jefferson à Philadelphie. Par miracle, le journaliste radio primé a pu être opéré et a survécu. Mais il s'est retrouvé accusé d'avoir tué un policier blanc, Daniel Faulkner, par une police tristement célèbre pour avoir falsifié des preuves afin d'obtenir des condamnations.

Après sa sortie de l'hôpital, le vétéran des Black Panthers a été traîné devant les tribunaux, reconnu coupable et condamné à mort en juillet 1982, à l'issue d'un procès truffé de violations constitutionnelles, notamment de partialité judiciaire, de mauvaise conduite du procureur, de discrimination raciale dans la sélection du jury et de falsification de preuves avérées par la police. Au cours du procès, un sténographe judiciaire, Terry Maurer Carter, a entendu le président du tribunal, Albert Sabo, dire à un autre juge : « Je vais les aider à faire frire le nègre », en faisant référence à la façon dont il allait instruire le jury. Deux semaines après la fin du procès, un tiers des policiers impliqués dans l'affaire, dont l'enquêteur principal, l'inspecteur de police Alfonzo Giordano, ont été jugés et finalement condamnés pour corruption, extorsion et falsification de preuves en vue d'obtenir des condamnations dans d'autres affaires sans rapport avec celle concernant Mumia. Ces condamnations furent été prononcées à la suite d'une enquête fédérale sur le département de la police de Philadelphie menée par le ministère américain de la justice, qui conclurent que le niveau de corruption et de violence meurtrière à l'encontre des détenus découvert par la police dans cette ville « choquait la conscience ».

Des années plus tard, un rapport d'Amnesty International concluait que le procès d'Abu-Jamal « n'avait pas respecté les normes internationales garantissant un procès équitable ».

Mumia fait partie de la génération des radicaux noirs sur lesquels l'État a testé sa propagande de la loi et de l'ordre, et l'enfermement dans les années soixante et au-delà ; un prélude à la répression carcérale qu'il allait déployer contre les communautés urbaines pauvres, noires et brunes, dans les années quatre-vingt et quatre-vingt-dix, désormais considérées comme économiquement dispensables dans le contexte de la désindustrialisation urbaine et du chômage permanent qu'elle entraînait. La mise en place du système carcéral s'est également accompagnée d'une augmentation exponentielle du maintien de l'ordre, du contrôle au faciès, ainsi que de la militarisation de la police.

Alors que les politiciens et les experts dépeignaient Mumia et les personnes incarcérées comme des monstres impitoyables, celui-ci exposait le rôle et la nature de l'emprisonnement dans la société et continuait à écrire des commentaires chaleureux et élégants sur l'état du monde et sur les raisons pour lesquelles nous devrions nous en préoccuper. La sérénité qu'il a su conserver a remis en question les hypothèses de l'appareil carcéral qui l'ont emprisonné, lui et deux millions d'autres. Sa résistance lui a valu l'admiration des gens du monde entier, qui se sont émerveillés de voir qu'un homme diabolisé et persécuté par l'État de manière aussi implacable pouvait être aussi ferme dans son engagement en faveur de la clarté politique, de la lutte collective pour la liberté humaine et, par-dessus tout, du sentiment de compassion incarné dans la proclamation d'Ernesto Che Guevara : « Le vrai révolutionnaire est guidé par un grand sentiment d'amour ».

La publication, en 1995, du best-seller de Mumia publié par le New York Times, Live From Death Row [En direct du couloir de la mort, La Découverte, 1999], qui humanisait les condamnés à mort de l'intérieur, l'a propulsé, lui et le Free Mumia Movement, au premier plan des soulèvements mondiaux de l'époque. Des centaines de milliers de personnes ont défilé et participé à des actions syndicales pour le défendre, de New York et Oakland à Philadelphie et Washington DC, devant les consulats américains dans des villes du monde entier, de Paris à Sao Paulo. Cette pression mondiale a empêché à deux reprises l'exécution de Mumia, qui avait été fixée par deux gouverneurs de Pennsylvanie - d'abord le 17 août 1995, puis le 2 décembre 1999.

Au cours de cette décennie, l'image de Mumia a été utilisée dans un large éventail de manifestations sur divers sujets, collée sur des réverbères ou inscrite au pochoir sur les trottoirs. Grâce au travail de nombreux artistes, Mumia est devenu un emblème mondial de la liberté et un symbole international de résistance et de dignité face au racisme structurel et au caractère répressif de l'incarcération aux États-Unis. Des milliers de reproductions artistiques du visage de Mumia, réalisées par des artistes du monde entier, ont remis en question le discours dominant à son sujet, nous rappelant que les prisonniers ne se résument pas à leurs condamnations.

De tout temps, les êtres humains ont fait face à la complexité de leurs expériences de vie par le biais de la production culturelle. Nous utilisons la culture populaire, l'histoire et l'art pour nous interpréter, donner un sens à nos relations sociales et accéder à notre humanité. Lorsque l'existence même d'une société dépend de l'assujettissement d'un groupe particulier de personnes, cette société doit contrôler la production culturelle et les représentations historiques des personnes assujetties pour survivre. C'est pourquoi la suppression de la culture et de l'histoire des opprimés a été un instrument clé de la domination dans la démarche coloniale et au-delà. Parce que la culture et l'histoire partagées sont intrinsèques à l'expérience humaine, ce sont des terrains contestés que les êtres humains se réapproprient régulièrement dans leur lutte pour survivre. La culture et l'histoire sont des vecteurs de définition du groupe, d'autonomie et de résistance à la domination. Face à la répression et à la domination, l'art permet de construire une culture de résistance qui nous donne du pouvoir, nous unit et nous inspire dans nos luttes pour la justice et la libération.

Chaque interprétation artistique du portrait de Mumia l'humanise, raconte sa propre histoire et transmet, en un instant, un puissant message de solidarité ; elle convoque l'idée que nous devrions nous soucier de la liberté des autres, être prêts à les soutenir et à amplifier leur lutte. Ces œuvres d'art renforcent l'idée que la lutte pour la justice est un effort collectif ancré dans l'empathie et le type de joie radicale, qui préfigure la transformation sociétale libératoire pour laquelle nous nous battons.

Au fil des années passées à rendre visite à Mumia - initialement dans une petite pièce fermée en béton pour des visites sans contact où Mumia était enchaîné et menotté derrière une fenêtre en plexiglas – j'ai pu avoir avec lui des conversations riches et intenses sur la politique et la culture, sans la moindre prétention. Enseignant né, Mumia s'est inspiré des idées qu'il a exprimées au cours de nos visites pour donner sa première conférence « en direct du couloir de la mort » aux étudiants de mon séminaire sur le mouvement des droits civiques à Carnegie Mellon.

J'ai découvert un homme sans amertume ni rancoeur, un homme chaleureux et humaniste, un observateur rationnel et discipliné de la politique, profondément intéressé par l'art et la culture. Son tempérament contrastait fortement avec l'image que les médias donnaient de lui. Comme de nombreux prisonniers dans le monde, et comme le suggèrent tous les portraits de ce livre, Mumia est avant tout un être humain d'une grande richesse et d'une grande complexité.

Johanna Fernández

Porte-parole de Mumia Abu Jamal
Professeure d'histoire au Baruch College de New-York, Autrice et Réalisatrice

Emory Douglas (USA) - Ministre de la culture du Black Panther Party

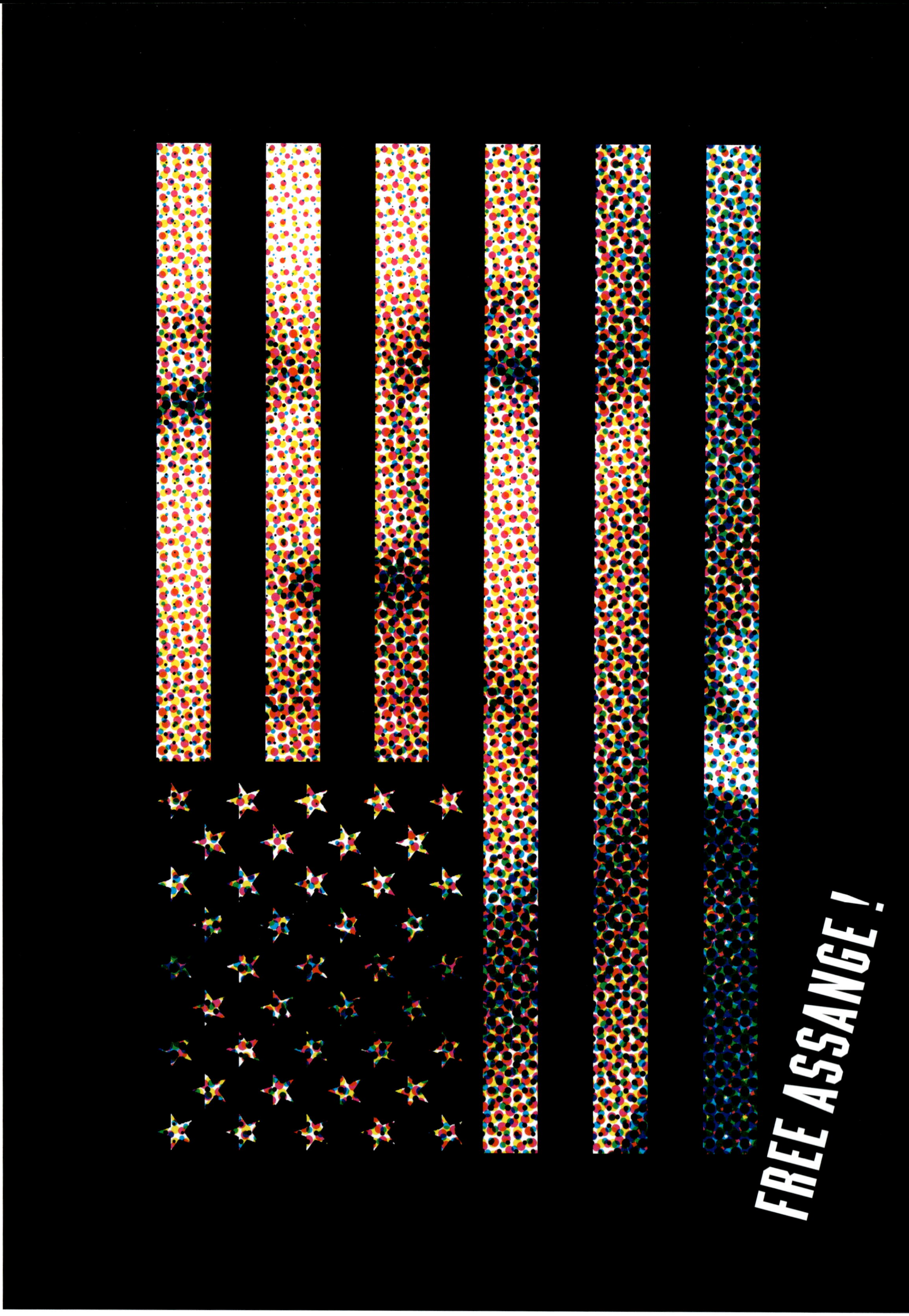
FREE ASSANGE !

Alex Jordan & Sébastien Marchal (France- Allemagne)

Abolir la peine de mort

Messieurs, comme l'honorable rapporteur de votre commission, je ne m'attendais pas à parler sur cette grave et importante matière. Je regrette que cette question, la première de toutes peut-être, arrive au milieu de vos délibérations presque à l'improviste, et surprenne les orateurs non préparés. Quant à moi, je dirai peu de mots, mais, ils partiront du sentiment d'une conviction profonde et ancienne.

Vous venez de consacrer l'inviolabilité du domicile ; nous vous demandons de consacrer une inviolabilité plus haute et plus sainte encore ; l'inviolabilité de la vie humaine.

Messieurs, une constitution, et surtout une constitution faite par et pour la France, est nécessairement un pas dans la civilisation ; si elle n'est point un pas dans la civilisation, elle n'est rien. *(Très bien ! très bien !)* Eh bien, songez-y !

Qu'est-ce que la peine de mort ? La peine de mort est le signe spécial et éternel de la barbarie. *(Mouvement.)* Partout où la peine de mort est prodiguée, la barbarie domine ; partout où la peine de mort est rare, la civilisation règne. *(Mouvement.)*

Ce sont là des faits incontestables.

L'adoucissement de la pénalité est un grand et sérieux progrès. Le 18° siècle, c'est là une partie de sa gloire, a aboli la torture ; le 19° abolira certainement la peine de mort. *(Adhésion à gauche.)*

Plusieurs voix. Oui ! oui !

Vous ne l'abolirez pas peut-être aujourd'hui ; mais, n'en doutez pas, vous l'abolirez ou vos successeurs l'aboliront demain !

Les mêmes voix. Nous l'abolirons ! (Agitation.)

Vous écrivez en tête du préambule de votre constitution : « En présence de Dieu, » et vous commenceriez par lui dérober, à ce Dieu, ce droit qui n'appartient qu'à lui, le droit de vie et de mort. *(Très bien ! très bien !)*

Messieurs, il y a trois choses qui sont à Dieu et qui n'appartiennent pas à l'homme : l'irrévocable, l'irréparable, l'indissoluble. Malheur à l'homme s'il les introduit dans ses lois ! (Mouvement.) Tôt ou tard elles font plier la société sous leur poids, elles dérangent l'équilibre nécessaire des lois et des mœurs, elles ôtent à la justice humaine ses proportions ; et alors il arrive ceci, réfléchissez-y, messieurs, *(Profond silence)* que la loi épouvante la conscience ! *(Sensation.)*

Messieurs, je suis monté à cette tribune pour vous dire un seul mot, un mot décisif, selon moi ; ce mot, le voici : *(Écoutez ! écoutez !)*

Après février, le peuple eut une grande pensée : le lendemain du jour où il avait brûlé le trône, il voulut brûler l'échafaud. *(Très bien ! – Sensation.)*

Ceux qui agissaient sur son esprit alors ne furent pas, je le regrette profondément, à la hauteur de son grand cœur.

À gauche : Très bien !

On l'empêcha d'exécuter cette idée sublime.

Eh bien, dans le premier article de la constitution que vous vous votez, vous venez de consacrer la première pensée du peuple, vous avez renversé le trône; maintenant consacrez l'autre, renversez l'échafaud. *(Vif assentiment sur plusieurs bancs.)*

Je vote l'abolition pure, simple et définitive de la peine de mort.

Victor Hugo

15 septembre 1848 (Compte rendu des séances de l'Assemblée nationale, 1848, tome 4)

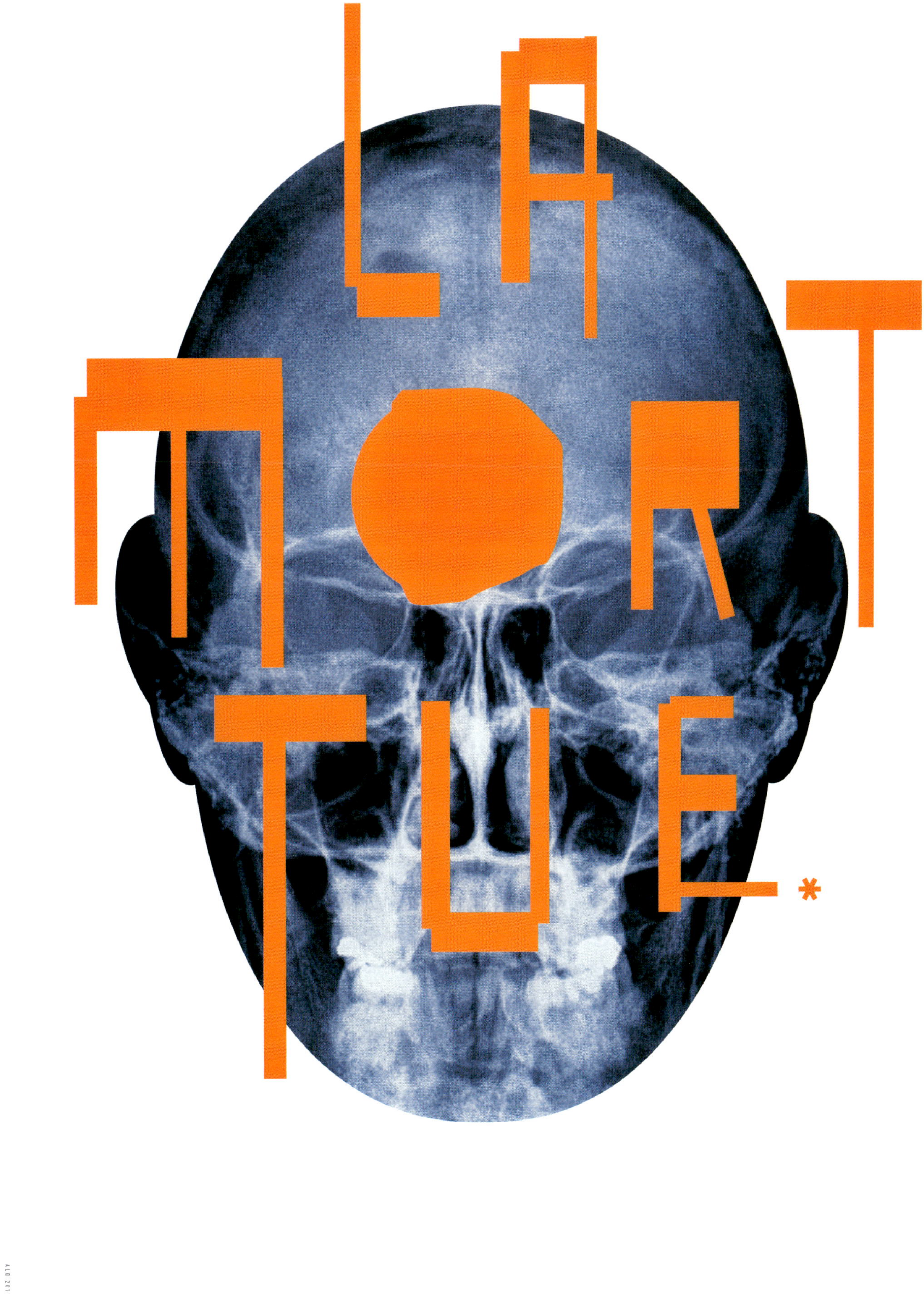

Alain Le Quernec (France)

PRISONS

4

C'est cela, l'Amérique de 1992 : la population carcérale la plus nombreuse du monde ; une justice peuplée de millionnaires blancs bourrés de préjugés ; un pays lentement consumé par toute une série de conflits environnementaux, sexuels et sociaux ; une nation enchaînée. (Mumia)

Abolir l'incarcération de masse

Comment en arrive-t-on à ce que nous appelons l'abolition ? Quels sont les chemins vers une telle destination ? Les leçons de l'histoire, façonnées par des générations d'ancêtres qui ont lutté toute leur vie pour ce rare souffle de liberté aspiraient à ce que leur progéniture, puisse un jour respirer à l'air libre. Car l'abolition est le résultat d'une longue et dure lutte contre l'esclavage. C'est la destruction d'un système et le début de la liberté. Pendant un bref instant, la liberté s'est levée sur la terre, mais ce n'était qu'un mirage, un mensonge de la suprématie blanche nous plongeant dans les ténèbres de la terreur et de la mort. En fait, il s'agit toujours de l'esclavage mais sous un autre nom, l'incarcération de masse.

Dans le système actuel d'emprisonnement aux États-Unis, ce que nous appelons, la mort par incarcération ou des peines à perpétuité réelle, sont les visages jumeaux de Janus, le même visage se reflétant dans son illusion de deux. En 2003, Angela Davis a écrit un livre à ce sujet avec pour thématique « les prisons sont-elles obsolètes ? » C'était un livre avant l'heure, dans la mesure où il initiait les lecteurs à la notion d'abolition des prisons. Elle montrait comment l'histoire a été marquée par l'abolition de l'esclavage et de la ségrégation raciale. Dans un autre livre, intitulé « Abolition Democracy », Angela Davis imagine les luttes de demain « pour un changement social libre et véritable passant par l'abolition des institutions qui favorisent la domination d'un groupe sur un autre ». Le système pénitentiaire américain, vestige de ce passé cruel, a conduit à l'incarcération massive de millions de personnes ».

Une autre abolitionniste des prisons et spécialiste de renom, Ruth Wilson Gilmore, a déclaré : « L'abolition exige que nous changions une chose, c'est-à-dire tout. La présence et la menace de la prison trônent comme une incubation sur l'âme de la société. Cela ne crée pas. Cela ne soigne pas. Cela n'aide pas. Elle s'en nourrit. Cela fait du mal. Cela paralyse. Eh oui, cela tue !

L'incarcération de masse est bien une création d'État, de cruauté et de carnage. C'est l'institutionnalisation de la méchanceté, pure et simple dont il faut se débarrasser.

Mumia Abu-Jamal

70
LIBERTAD
FREEDOM
MUMIA
ABU-JAMAL

FREE MUMIA
NOW

Chroniques de Mumia sur les ondes de Prison Radio

Voici une trés brève selection de chroniques de mumia diffusées sur les ondes de prison radio, média États-unien qui donne la parole aux prisonniers et à leurs familles. Depuis plus de quatre décennies derrière les barreaux, ses 1300 chroniques illustrent à la fois son temoignage sur ses conditions de détention et ses reflexions sur l'actualité politique et sociale nationale et internationale.

Ci-dessous, un temoignage sur sa détention dans le couloir de la mort où il restera 30 longues années en subissant des conditions inhumaines et dégradantes comme le fait d'avoir les pieds et mains liés lors des visites de sa famille et de ses amis. Malgré ces souffrances il garde un sens de l'humour fustigeant le système carcéral américain.

31/01/1996

Toujours journaliste dans le couloir de la mort

Je m'appelle Mumia Abu-Jamal. Je suis journaliste, époux, père, grand-père et afro-américain. Je vis actuellement dans le secteur de logements sociaux qui se développe le plus rapidement en Amérique, les prisons. En 1981, j'étais journaliste pour radio WHUY et président de l'Association des journalistes noirs de Philadelphie. Actuellement, j'écris et commente l'actualité au micro de la radio publique. Je suis depuis 11 ans dans le couloir de la mort de l'État de Pennsylvanie. Connectez-vous pour entendre mes chroniques depuis le couloir de la mort. Ici Mumia Abu-Jamal sur votre radio publique.

Seth Tobocman (USA)

for Mumia

Chroniques de Mumia sur les ondes de Prison Radio

Mumia, surnommé la voix des sans voix, pour sa defense des prionniers, n'aura de cesse de denoncer la politique d'incarceration de masse pratiquée aux États-Unis l'un des pays ou le nombres de detenus est proprotionnellement parmi les plus élèves au monde frappant avant tout les populations les plus défavorisées et en premier les Afro-americains.

25/10/2018

Rébellions carcérales et lutte contre l'incarcération de masse

Une lutte est en cours aux États-Unis contre la politique d'incarcération de masse. Le lobby médiatique média ignore cette mobilisation. Les prisonniers observent des grèves de la faim et engagent d'autres actions collectives pour faire entendre la voix de la « Nation incarcérée » (NDLR les prisonniers), qui témoigne de l'incarcération de masse. En Pennsylvanie, les détenus incarcérés dans le centre de détention de Phoenix, la plus récente prison de l'État qui y a investi 400 millions de dollars, ont planifié des grèves au sein des centres d'appels et des cantines pour protester contre leurs conditions de détention. L'administration pénitentiaire pour casser ce mouvement a décrété dans tout l'État un confinement général prétextant des problèmes de diffusion de drogue au sein de la prison. Utilisant ce faux prétexte, la Pennsylvanie a imposé un blocus des prisons pendant deux semaines avant de mettre en place un contrôle draconien du courrier obligeant les proches et les familles des prisonniers à envoyer leurs lettres à une entreprise à Saint-Pétersbourg, en Floride, chargée de censurer les envois postaux.

Malgré le silence des grands médias, les prisons restent un lieu d'agitation, de contestation et de résistance. En attendant, je vous remercie tous de soutenir nos efforts auprès de la justice de Philadelphie, pour informer sur ce mouvement. Comme le disait Fred Hampton, « la lutte continue ».

AM8335
"IN AMERICAN PRISONS
LIFE MEANS DEATH."
– ROBERT KING, MAY 2006

ABOLITION

Chroniques de Mumia
sur les ondes de Prison Radio

Mumia prend ici avec force la defense de son confrere Julian Assange lui aussi en prison à Londres et menacé d'extradition aux USA et des foudres de la justice americaine pour espionnage.

28/09/2020

Le cas Assange rappelle celui des époux Rosenberg

Premièrement qui est Julian Assange ? Deuxièmement, pourquoi sa lutte est-elle si importante pour nous ? Julian Assange, qui est né en 1971 à Townsville dans l'État du Queensland en Australie, est le fondateur du site en ligne Wikileaks, une entreprise colossale qui a eu accès aux documents internes aux gouvernements du monde entier et les a diffusés. Assange est donc journaliste. C'est la raison pour laquelle il a été traqué, poursuivi et emprisonné à Londres prétendument pour ne pas s'être présenté au tribunal qui voulait l'extrader vers les USA, où le gouvernement américain veut l'emprisonner pour espionnage (Espionnage Act). Assange est né en Australie, un pays du Commonwealth britannique. Il n'est donc pas Américain, et n'est en rien assujetti à l'empire américain qui régente le monde au-delà même du territoire américain. Le 25 juillet 2010, Wikileaks a publié sur son site quelque 75.000 documents sur la guerre en Afghanistan montrant une image accablante des actions menées par les USA. Quand vous vous attaquez à l'empire américain, l'empire contre-attaque évidemment. Assange a été ainsi condamné à plus de 175 années de prison par la justice américaine pour avoir publié des documents embarrassant pour Washington. Les guerres en Irak et en Afghanistan sont désormais considérées comme les plus grandes erreurs commises par la diplomatie américaine, car ces conflits qui visaient à changer les régimes de ces pays se sont révélés être un tissu de mensonges et de désinformation. Faut-il rappeler l'affaire des armes de destruction massive ? Combien de milliers, voire de dizaines de milliers de morts ont été engendrées par cette mystification ?

Assange à travers ses révélations en tant que journaliste a permis à des générations de prendre conscience de ce que sont des guerres impériales. Ce n'est en aucun cas de l'espionnage. Cela rappelle comment Julius et Ethel Rosenberg ont été pris pour cible, accusés d'espionnage et exécutés. Cela rappelle aussi le cas de Sacco et Vanzetti, des émigrants italiens. Cela rappelle encore l'acharnement contre la branche new yorkaise du Parti des Black Panthers et le procès de Panther 21 sous de fausses accusations. Julian Assange est victime d'une vengeance politique. Est-ce qu'Assange est un prisonnier politique ? Bien entendu.

FREE
MUMIA ABU-JAMAL

Mumia décrit les terribles conditions de detention des prisonniers pendant la periode du covid en s'appuyant sur un temoignage poignant d'un détenu victime du virus mais qui a pu s'en tirer alors même que les gardiens ne portaient pas de masque propageant la pandemie dans les prisons

4/12/2020

La voix d'un prisonnier durant le COVID

Selon les rapports officiels, au minimum 400 détenus dans les prisons de Pennsylvanie ont été infectés par le Coronavirus. Donnons la parole à l'une de ces victimes : Sergio Hyland prisonnier au centre de détention de Chester. Début novembre 2020, il a été transféré dans les locaux de l'infirmerie de la prison où il a été testé positif. « Le virus a attaqué mes poumons faisant baisser mon niveau d'oxygène. On m'a administré des stéroides qui ont eu un effet négatif faisant monter mon diabète », a écrit le prisonnier qui était déjà diabétique lors de son incarcération. Il a ajouté : « Le virus était une telle souffrance que pendant des nuits entières je pensais mourir. Parfois même, j'espérais cette mort pour mettre un terme à la douleur ». Sergio Hyland a indiqué que de nombreux prisonniers sont morts victimes du Covid-19 dans cette prison où -fait le plus choquant- selon son témoignage que plusieurs gardiens ne portaient pas de masques de protection

Chroniques de Mumia sur les ondes de Prison Radio

Mumia rend un hommage émouvant à l'archevêque sud-africain Desmond Tutu (prix nobel de la Paix) saluant à la fois l'homme, le militant anti-apartheid et le religieux. grâce à sa visite dans le couloir de la mort, Mumia a pû être libéré des chaines qui entravaient ses pieds et ses mains lors des visites qu'il recevait.

27/12/2021

Mgr Desmond Tutu, 1931-2021

Il y a près d'un siècle, un garçon africain naissait dans une petite famille d'une petite ville où l'exploitation de l'or était la principale industrie. La ville était située dans ce qu'on appelait à l'époque le Transvaal. Son père était enseignant et le jeune garçon voulait suivre les traces de son père.

Mais la politique de suprématie blanche, connue sous le terme d'apartheid, l'empêcha de faire ce choix. Cette politique développée par le Parti national après sa victoire aux élections de 1940 a adopté une loi appelée Loi sur l'éducation bantoue de 1953, légalisant la ségrégation dans les écoles.

Cette politique a contraint Desmond Tutu à abandonner son projet d'enseignement pour devenir prédicateur. Desmond Tutu a étudié, obtenu son diplôme, a été ordonné prêtre anglican et a entamé son ascension dans la hiérarchie de l'Église. Il sera nommé archevêque du Cap en 1986.

À mesure que le mouvement anti-apartheid se développait en Afrique du Sud, la répression exercée par l'État augmentait également. Et alors que la plupart des militants de l'African National Congress (ANC) étaient contraints à l'exil, l'archevêque de ce fait a pris le relai célébrant funérailles après funérailles, relayant la voix de la majorité noire opprimée.

Il a joué un rôle central en dénonçant le système raciste du gouvernement. Il a été victime d'arrestations et d'attaques de gaz lacrymogènes lors des manifestations. Néanmoins, il est resté fidèle à ses croyances religieuses, en sa qualité de chrétien engagé pour qui chaque vie compte. Il prêchait pour la paix et la réconciliation. Il prêchait aussi pour la justice.

Il s'est prononcé fermement contre la violence, qu'elle provienne du gouvernement ou du mouvement pour la liberté. À mesure que l'influence du petit prêtre grandissait, son souci de justice et de liberté se faisait entendre au-delà des frontières de l'Afrique du Sud.

L'archevêque, affectueusement surnommé l'Arche par sa famille, a qualifié la violence, la répression et la division contre le peuple palestinien de nouvelle forme d'apartheid. Il a appelé le gouvernement des États-Unis à rendre la liberté au peuple portoricain. Il a critiqué les souffrances et la violence d'État birman contre la minorité musulmane au Myanmar.

Et le petit prêtre a même rendu visite à un détenu dans le couloir de la mort où il s'est demandé pourquoi un homme devait être enchaîné dans une petite pièce où la porte de la cellule était verrouillée à double tour et n'avait même pas de poignées. L'arche était calme, sérieux, un rayon de lumière spirituelle dans l'obscurité – et ce fut une grande joie pour moi de le rencontrer.

Lorsque l'apartheid a été aboli dans les années 1990 et que l'Afrique du Sud est redevenue une démocratie, l'archevêque Tutu a intensifié sa critique du nouveau gouvernement noir qui, selon lui, s'enrichissait à mesure que le peuple devenait de plus en plus pauvre. Il était petit, certes, mais son esprit reflétait celui d'un géant.

Fredo Coyere (France)

Mumia Abu Jamal libre

Il n'y aura de joie complète
Tant que prison sera ton lot
Aucun cheval au grand galop
Aucune danse aucune fête

Toujours l'injustice au dessus
Le froid des murs et des peut-être
Regards stoppés par la fenêtre
Nos jours sans moindre pardessus

La porte est un rêve obstiné
J'en demande, là, l'ouverture
Poésie est belle écriture
Vivre libre est ta destinée

Les bras si grands ouverts au monde
Les yeux souriants aux visages
Auront multiples paysages
L'océan pour plonger dans l'onde

Sommets libérés des nuages
Forêt où courent mille sons
Ressentir chacun des frissons
La joie d'un nouveau-né sans âge.

Fabrice Selingant

Fabrice Selingant (France)

Jean-Pierre Coulaudon (France)

LOVE
NOT
PHEAR
Mister
CopyArt

Chroniques de Mumia sur les ondes de Prison Radio

Dans cette chronique Mumia montre que malgrè son incarceration depuis plus de quatre decennies, il s'informe sur toutes les luttes dans le monde. Ici s'appuyant sur les travaux de l'universitaire africain Achille Mbembe, Mumia condamne le régime de punition collective mise en place contre les Palestiniens, un combat au cœur des solidarités internationales à l'heure ou les populations à Gaza et en Cisjordanie sont la proie de politiques d'annihilation d'un peuple.

14/09/2022

La Palestine et autres luttes pour la liberté.

Récemment, en écrivant sur la Palestine, je me suis référé au travail du philosophe Achille Mbembe dans son livre « Necropolitics ». Le professeur Mbembe note ce qu'il appelle les « sorties de la démocratie », concernant les peuples intentionnellement exclus de la sphère démocratique, considérés comme des parias. Il décrit à quel point les Palestiniens constituent un peuple exclu de sa terre natale, et il compare cette situation aux exclusions du milieu et de la fin du XXe siècle, comme l'apartheid en Afrique du Sud. Mbembe décrit ainsi la situation en Palestine : « Les postes de contrôle permanents ou aléatoires, les blocs de béton et les monticules de terre destinés à bloquer les routes, le contrôle de l'espace aérien et maritime, de l'importation et de l'exportation de produits de toutes sortes, les incursions militaires fréquentes, les démolitions de maisons, les profanations des cimetières, le déracinement d'oliveraies entières, la destruction et la réduction en poussière des infrastructures, les bombardements à haute et moyenne altitude, les assassinats ciblés, les techniques de répression urbaine, le profilage des esprits et des corps, le harcèlement constant, la préemption des terres réduisant sensiblement les surfaces laissées aux Palestiniens, le système carcéral, avec la généralisation des camps de détention, les conséquences indélébiles de la violence sur le corps et l'esprit.

Traduction : Patrick Kamenka

Syndicat National des Journalistes CGT
dont Mumia est membre d'Honneur

Mister CopyArt (France)

La maltraitance des personnes âgées dans les prisons américaines

Tout récemment, au plus fort de la crise dévastatrice du Covid-19, une agence américaine de soins de santé a annoncé une série de projets et de programmes conçus pour soulager la souffrance humaine et plaider en faveur de l'abolition des systèmes d'incarcération de masse. L'American Public Health Association, connue sous le nom d'APHA, observant le nombre effroyable de décès dans les prisons, est déterminée à ce que l'âge de l'abolition soit arrivé et a appelé à la libération des personnes âgées encore incarcérées.

L'un des aléas de l'incarcération de masse est l'explosion du nombre de personnes âgées dans la population carcérale. Aujourd'hui, des hommes septuagénaires et octogénaires roulent en fauteuil, marchent avec des déambulateurs ou même se promènent à l'aide de cannes. Ils ont une foule de problèmes de santé : diabète très répandu, attaques cardiaques, cancers.

Souffrant déjà de l'isolement, de douleurs articulaires et de fragilités naturelles dues à la vieillesse, l'APHA a dénoncé les abus et la maltraitance dont sont victimes les personnes âgées incarcérées, exhortant leur libération de toutes les prisons d'État, de Comtés, territoriales et fédérales américaines.

Mumia Abu-Jamal

Septembre 2023

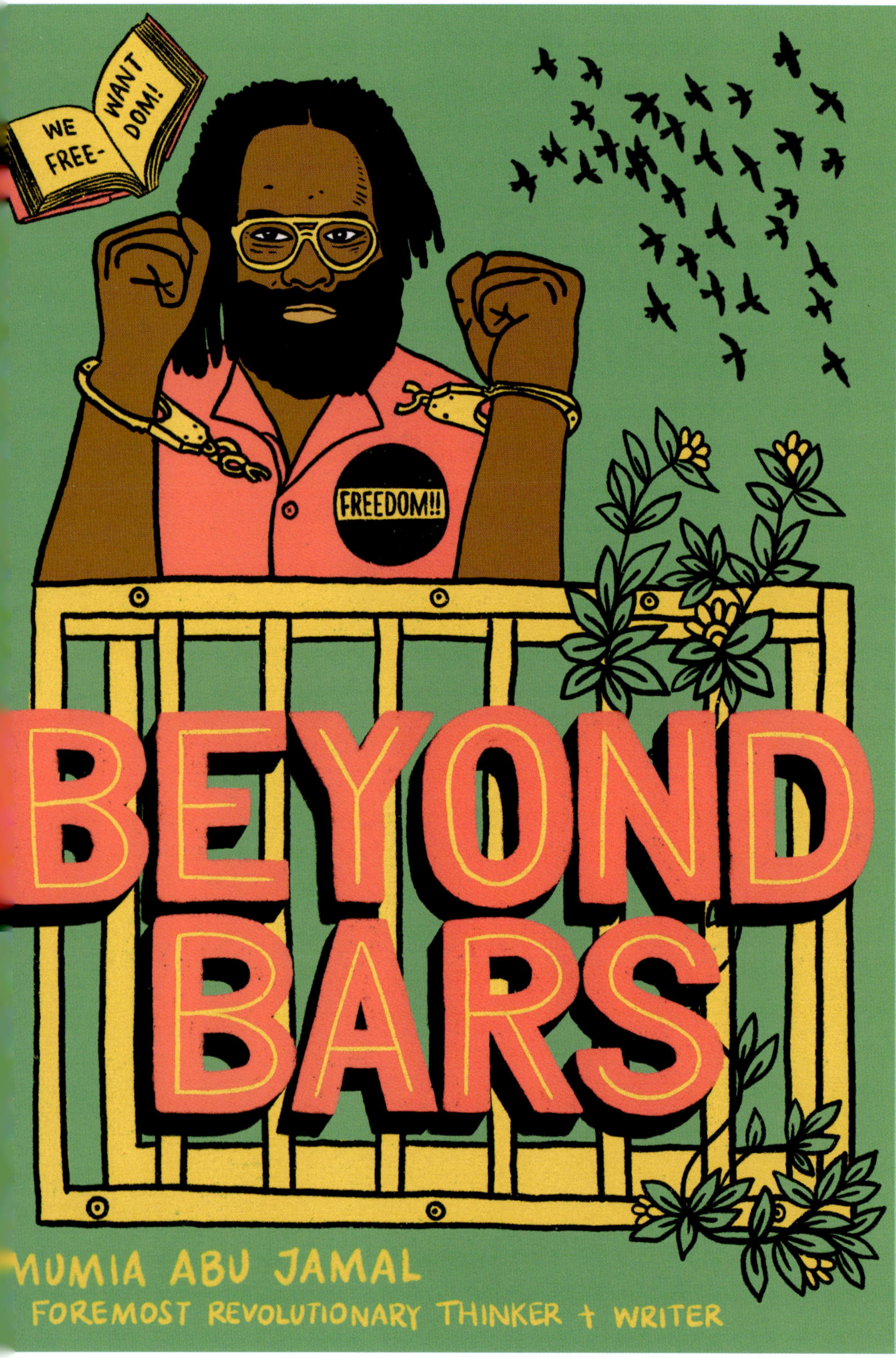
WE FREE-
WANT DOM!
FREEDOM!!
BEYOND BARS
MUMIA ABU JAMAL
FOREMOST REVOLUTIONARY THINKER + WRITER

BRICK BY BRICK,
WALL BY WALL,
WE WILL FREE
MUMIA
ABU-JAMAL

Shelby x Studios (UK)

Eric Drooker (USA)

De L'État-providence à l'État-pénitence en Amérique… et dans le reste du monde

(extraits choisis de *Les prisons de la misère* de Loïc Wacquant, La Découverte, 1999, 2015)

[…] Il ne suffit pas de mesurer les coûts sociaux et humains directs du système d'insécurité sociale que les États-Unis offrent en « modèle » au monde. Encore faut-il tenir compte de son complément sociologique : le surdéveloppement des institutions qui suppléent aux carences de la protection sociale (safety net) en déployant dans les régions inférieures de l'espace social un filet policier et pénal (dragnet) au maillage de plus en plus serré et solide. Car à l'atrophie délibérée de l'État social correspond l'hypertrophie de l'État pénal : la misère et le dépérissement de l'un ont pour contrepartie directe et nécessaire la grandeur et la prospérité insolente de l'autre.

Cinq tendances de fond caractérisent à cet égard l'évolution pénale aux États-Unis depuis des années 70 en réponse aux avancées démocratiques provoquées par le soulèvement noir et par les mouvements populaires de protestation qui s'étaient engouffrés dans son sillage durant la décennie précédente […] La première de ces tendances est la croissance fulgurante des populations emprisonnées […] Toutefois le « grand renfermement » de cette fin de siècle ne donne pas une juste mesure de l'extraordinaire expansion de l'empire pénal américain. […] il ne tient pas compte des personnes condamnées à la prison avec sursis (probation) et remises en liberté conditionnelle (parole) […] D'autre part, outre les peines dites intermédiaires telles que l'assignation à domicile ou à un centre disciplinaire (boot camp), la « mise à l'épreuve intensive », et la surveillance téléphonique ou électronique (à l'aide de bracelets et autres dispositifs techniques), l'emprise du système pénal s'est considérablement élargie grâce à la prolifération des banques de données criminelles et au décuplement des moyens et des points de contrôle à distance que celles-ci autorisent. […] L'objectif n'est plus ni de prévenir le crime ni de traiter les délinquants en vue de leur éventuel retour dans la société une fois leur peine effectuée, mais d'isoler des groupes perçus comme dangereux et de neutraliser leurs membres les plus disruptifs par un suivi standardisé des comportements et une gestion stochastique des risques qui s'apparentent plus à la recherche opérationnelle ou au retraitement des « déchets sociaux » qu'au travail social.

[…] Moyen et conséquence de cette boulimie carcérale, le gonflement spectaculaire du secteur pénal au sein des administrations fédérale et locales. Cette troisième tendance est d'autant plus remarquable qu'elle s'affirme dans une période de vaches maigres pour le secteur public. […] Ces capacités s'exercent prioritairement sur les familles et les quartiers déshérités, et particulièrement sur les enclaves noires des métropoles. En témoigne la cinquième tendance-clef de l'évolution pénitentiaire aux États-Unis : le « noircissement » continu de la population détenue qui fait que, depuis 1989 et pour la première fois de l'histoire, les Afro-Américains sont majoritaires parmi les nouveaux admis dans les prisons d'États, alors qu'ils ne représentent que 12% de la population du pays. [...] Loin de contredire le projet néo-libéral de déréglementation et de dépérissement du secteur public, l'irrésistible ascension de l'État pénal américain en constitue comme le négatif – au sens d'envers mais aussi de révélateur – puisqu'elle traduit la mise en place d'une politique de criminalisation de la misère qui est le complément indispensable de l'imposition du salariat précaire et sous-payé comme obligation de citoyenneté ainsi que du redéploiement des programmes sociaux dans un sens restrictif et punitif qui lui est concomitant. [...]

De nos jours, l'appareil carcéral américain remplit un rôle analogue à l'égard des groupes rendus superflus ou incongrus par la double restructuration du rapport salarial et de la charité d'État : les fractions déclinantes de la classe ouvrière et les Noirs pauvres des villes. Ce faisant, il assume une place centrale dans le système des instruments de gouvernement de la misère, à la croisée du marché de l'emploi déqualifié, des ghettos urbains et de services sociaux « réformés » en vue d'appuyer la discipline du salariat désocialisé. [ ] En premier lieu, le système pénal contribue directement à réguler les segments inférieurs du marché de l'emploi – et ce de manière infiniment plus coercitive que tous les prélèvements sociaux et les règlements administratifs. [...] La sur-représentation massive et croissante des Noirs à tous les paliers de l'appareil pénal éclaire d'une lumière crue la seconde fonction qu'assume le système carcéral dans le nouveau gouvernement de la misère en Amérique : suppléer au ghetto comme instrument d'enfermement d'une population considérée comme déviante et dangereuse autant que superflue, tant au plan économique – les immigrés mexicains et asiatiques sont bien plus dociles – que politique – les Noirs pauvres ne votent guère [...]. L'incarcération n'est à cet égard que la manifestation paroxystique de la logique d'exclusion dont le ghetto est l'instrument et le produit depuis son origine historique. [...] Les deux institutions s'accouplent et se complètent en ceci qu'elles servent chacune à sa manière à assurer la mise à l'écart (segregare) d'une catégorie indésirable perçue comme faisant peser sur la ville une double menace, inséparablement physique et morale.

[...] Autre tendance qui va dans le sens de la dérive carcérale américaine : malgré la grande diversité des traditions et des situations nationales, les politiques pénales des sociétés d'Europe occidentale sont dans l'ensemble devenues plus dures, plus enveloppantes, plus ouvertement tournées vers la « défense sociale » au détriment de la réinsertion, au moment justement où ces sociétés réorganisaient leurs programmes sociaux dans un sens restrictif et leur marché de l'emploi dans un sens permissif. À de rares exceptions près, le législateur a partout multiplié les incriminations et alourdi les peines de prison frappant les crimes violents, les infractions aux mœurs et le commerce ou l'usage des stupéfiants. La police a renforcé les moyens et les opérations visant ces contentieux ; et les autorités judiciaires ont réduit en aval les possibilités de libération conditionnelle pour une large gamme d'infractions. L'abolition de la peine de mort [...] a eu l'effet paradoxal d'accroître la durée moyenne de détention par l'intermédiaire des peines dites de sûreté [...] Si l'on ajoute à tout cela la multiplication des intervenants et des dispositifs contractuels visant à (r)établir la « sécurité » (dans l'école, l'entreprise, le quartier, la ville), la prolifération, à travers tout le continent, de mesures visant à prévenir ou réprimer les atteintes au bon agencement des relations en public[...], il devient clair que ces développements [...] expriment une tendance de fond à l'expansion du traitement pénal de la misère qui, paradoxalement, découle précisément de l'affaiblissement de la capacité d'intervention sociale de l'État et de l'abandon de ses prérogatives face à la figure supposée omnipotente du « marché », c'est-à-dire l'extension de la loi économique du plus fort.

[...] Voiture-balai de la précarité, l'institution carcérale ne se contente pas de ramasser et d'entreposer les (sous-)prolétaires tenus pour inutiles, indésirables ou dangereux, et ainsi d'occulter la misère et de neutraliser ses effets les plus disruptifs : elle contribue elle-même activement, on l'oublie trop souvent, à étendre et à pérenniser l'insécurité et la déréliction sociales qui l'alimentent et lui servent de caution. Institution totale conçue pour les pauvres, milieu criminogène et déculturant façonné par l'impératif (et le fantasme) sécuritaire, la prison ne peut qu'appauvrir ceux qui lui sont confiés et leurs proches en les dépouillant un peu plus des maigres ressources dont ils disposent à l'entrée [...] en les enfonçant dans la spirale irrésistible de la paupérisation pénale, face cachée de la « politique sociale » de l'État envers les plus démunis

[...] L'Amérique a clairement opté pour la criminalisation de la misère comme complément de la généralisation de l'insécurité salariale et sociale. L'Europe est à la croisée des chemins [...]

Loïc Wacquant

Sally Traxler-Lavengood

Liz Miranda (UK)

Le combat du MRAP* pour la libération de Mumia ABU-JAMAL

Dès le mois de juin 1995, à l'annonce de la date d'exécution fixée au 17 août, le MRAP prend l'initiative de créer un collectif de soutien « Sauvons Mumia ». Des pétitions circulent, des rassemblements sont organisés devant l'ambassade des États-Unis à Paris, un appel de plus de cent personnalités paraît dans le journal l'Humanité.

Chaque jour, le MRAP publie un communiqué « il reste X jours pour sauver Mumia Abu-Jamal ». Le 27 juillet, le Collectif interpelle Thomas Ridge, le gouverneur de Pennsylvanie en ces termes : « Nous attirons votre attention sur le cas du journaliste afro-américain Mumia Abu-Jamal, condamné à mort sans aucune preuve en juillet 1982. Son exécution constituerait un grave déni de justice et entacherait la réputation de votre État. Elle constituerait une violation des droits de l'Homme auxquels nous sommes fermement attachés. Aussi, nous vous demandons d'annuler l'ordonnance d'exécution et de diligenter une enquête rigoureuse et impartiale sur les circonstances de son inculpation et le déroulement de son procès ».

Le MRAP s'adresse également au Président de la République française, Jacques Chirac, pour lui demander d'intervenir auprès des autorités américaines. La réponse de son conseiller diplomatique nous parvient le 9 août : « Notre Ambassadeur est autorisé à effectuer, à titre strictement humanitaire et dans le respect du droit américain, toute démarche susceptible de contribuer à épargner la vie de Monsieur Mumia Abu-Jamal. »

Jean Jacques Kyrkiacharian - représentant du MRAP à la Commission des droits de l'Homme de l'ONU à Genève - saisit la commission en proposant qu'elle se prononce en faveur d'un nouveau procès.

Face à l'ampleur de la mobilisation en France et dans le monde, l'ordonnance d'exécution est rapportée. L'exécution n'aura pas lieu. En 1999, une nouvelle tentative connaîtra le même sort à la suite d'une grande manifestation organisée à Philadelphie avec la participation d'une importante délégation française d'organisations et de personnalités parmi lesquelles figure Madame Danielle Mitterrand.

En juin 2001, lors du premier Congrès mondial contre la peine de mort qui se tenait à Strasbourg, le MRAP intervient sur la peine de mort et la discrimination raciale aux États-Unis, prenant appui sur la condamnation à mort du journaliste Mumia Abu-Jamal. « C'est le racisme qui a conduit Mumia dans le couloir de la mort, comme c'est le racisme qui y a conduit la majorité des condamnés à mort issue des minorités noires et hispaniques ».

En 2011, au prix d'une longue bataille judiciaire et d'une mobilisation internationale toujours plus large, Mumia obtient enfin la commutation de sa peine en prison à perpétuité sans possibilité de libération conditionnelle. Il sort de l'enfer du couloir de la mort mais il est toujours condamné à mourir en prison.

Depuis, son état de santé s'est dégradé, au point de mettre sa vie en péril faute de soins.

La mobilisation continue pour exiger sa libération sans condition. Le slogan « Sauvons Mumia » est désormais « Libérons Mumia ».

En 2021, le Congrès du MRAP a élu à l'unanimité Mumia Abu-Jamal membre de son comité d'honneur.

À la défense de Mumia, le MRAP associe une autre figure emblématique, depuis 48 ans en prison, celle de l'amérindien Léonard Peltier condamné à deux peines de prison à vie pour un crime qu'il n'a pas commis.

Renée Le Mignot

Présidente honoraire du MRAP en charge des campagnes internationales

** Mouvement contre le Racisme et pour l'Amitié entre les Peuples (MRAP)*

Andre Mangeney (France)

Michel Muller (France)

5

MUMIA

Le système a récupéré les principaux thèmes non violents de Martin Luther King afin de protéger ses propres intérêt. (Mumia)

Mumia dans le couloir de la mort (1982-2011)

1

1

1• Mumia est resté trois décennies à l'isolement total dans une cellule du couloir de la mort le privant de tout rapport avec d'autres prisonniers. Seules les visites de sa famille et de ses soutiens lui premettaient de rencontrer des humains. Les photos ci-dessus ont été prises au début de son incarcération puis interdites pour priver le journaliste Mumia de son droit à l'image à l'extérieur de la prison

2• La préparation en coulisses des visites à Mumia dans le couloir de la mort (détenu menotté et chaîné aux pieds)

3• Les visites à Mumia dans le couloir de la mort sépare le prisonnier du visiteur par une vitre et la communication se fait par téléphone entre les deux boxes

4• Mumia (écouté par un garde durant toute la visite) est le plus souvent debout et agité dans son boxe pour répondre aux questions de ses visiteurs, non pour parler de lui et de ses conditions inhumaines d'incacération, mais des autres prisonniers qui attendent leur excécution.

2

4

1

3

3

2

4

Collection Usa (procès 1982)

L'amour, pas la peur

« L'amour », dit la philosophe française Simone Weil, « c'est la prise de conscience qu'il existe d'autres personnes en tant que telles ». Elle entend par là que l'universalité de l'amour transcende les races et les cultures. Cela signifie que l'individu ne peut pas être défini essentiellement par son appartenance à un groupe. En cas de procès par exemple l'affiliation à un groupe, que ça soit politique, religieux ou autre, ne peut en aucun cas nous informer sur son innocence ou sa culpabilité. L'amour pour Simone Weil existe lorsque la primauté de l'individu sur le groupe existe. C'est précisément l'unicité de l'individu qui rend possible l'idée d'un amour universel; la capacité de voir l'être humain au-delà du stéréotype de « l'identité de groupe » est primordiale.

Mumia Abu Jamal est un défenseur de l'amour au sens donné à ce mot par Weil. Après plus de 40 ans de prison, dont 30 passés à l'isolement dans le couloir de la mort, il est tout sauf l'incarnation de l'amertume. Au terme d'un procès sans preuves matérielles contre lui, condamné à mort sur la foi de témoignages dont la fiabilité a été sérieusement mise en doute, Mumia est devenu la « voix des sans-voix ». Dans son cas, l'apitoiement sur soi aurait été compréhensible, mais il n'en avait pas le temps. À l'instar de Nelson Mandela, qui a passé 27 ans en prison, Mumia s'est engagé dans une quête de justice qui dépasse largement son propre cas. Alors il travailla comme journaliste radiophonique dans sa jeunesse, son intérêt pour les opprimés l'avait conduit à faire tout ce qui était en son pouvoir pour dénoncer la corruption de la police et de la justice. Il est rapidement devenu une source d'irritation sérieuse dans les milieux policiers et judiciaires de Philadelphie et de ses environs.

Loin de le réduire au silence, l'emprisonnement a renforcé sa réputation. Il est devenu un symbole du type de justice rendu aux dépossédés. De journaliste connu localement, de responsable de la communication pour la section locale des Black Panthers (et de chauffeur de taxi pour joindre les deux bouts) à Philadelphie, il est devenu internationalement connu comme un champion de la justice pour tous. L'incarcération n'a pas fait ce qu'elle était censée faire : supprimer sa voix. Aujourd'hui encore, plus de quarante ans après sa condamnation, des organisations le défendent dans le monde entier et, grâce à Prison Radio, il continue de parler sur les ondes. Il fournit aussi régulièrement des messages enregistrés pour des réunions internationales sur la justice. En 2023, il a apporté une contribution audio enregistrée en tant que « survivant » du couloir de la mort à l'assemblée générale de la Coalition Mondiale contre la Peine de Mort qui s'est tenue à Nairobi, ouvrant ainsi la voie à une discussion sur la question

Boris Séméniako (France)

Brice Patterson (USA)

de la « mort par incarcération ». Mumia Abu Jamal n'est pas muet.

Les adversaires de cet homme remarquable le condamnent parce qu'il est noir et qu'il s'exprime. Il nous aide à comprendre que le racisme institutionnel ne signifie pas que les institutions peuvent contenir un grand nombre d'individus racistes, mais plutôt que ces institutions sont construites sur des fondations racistes ; la marque de fabrique est la défense d'un système de pouvoir dont les racines se trouvent dans l'esclavage et la domination des pauvres. Comme Socrate, Mumia est considéré comme une source de corruption. Il pose trop de questions et encourage les autres à faire de même. En dénonçant les mauvaises pratiques des institutions, il remet ainsi en question le système de valeurs qu'elles représentent. Il est donc considéré comme dangereux. Il fait tanguer le bateau.

Mumia est jugé en permanence en vertu de ce qu'il représente. Il était et est toujours « une menace ». Le jugement à son encontre nous renvoie sans cesse à son appartenance au Black Panther Party (BPP). Son allégeance de jeunesse à ce mouvement est présentée comme une preuve de son engagement dans un carnage antipatriotique. Si l'on dit à un jury dominé par les blancs que l'accusé est un panthère noire, le travail de l'accusation est pratiquement achevé. Le jury ne sait cependant rien du BPP. Il a avalé le discours selon lequel ces gens sont armés et dangereux, qu'ils représentent une menace pour le plus saint des saints, le mode de vie américain. Il y a de fortes chances que le jury ne sache pas que le groupe armé le plus dangereux aux États-Unis est la police. C'est particulièrement vrai pour la population pauvre et noire. Ce sont les violences policières et le racisme qui ont favorisé la création du Black Panther Party for Self-Defence (Parti des Panthères noires pour l'autodéfense). Le parti a revendiqué son droit constitutionnel à être armé, mais il n'a pas tué. Il a simplement revendiqué le droit de se défendre contre les brutalités policières.

Le jury ignore très probablement que le Black Panther Party s'est concentré sur des programmes communautaires, tels que des petits déjeuners gratuits pour les enfants des familles à faibles revenus, et qu'il a également adopté une vision économique radicale pour lutter contre le chômage, la pauvreté et le racisme. Le jury s'appuiera malheureusement très probablement sur des stéréotypes. Il n'y a pas d'amour perdu pour les gens comme Mumia. Lui, en revanche, ne jure que par l'amour universel.

Le stéréotype permet de déshumaniser la personne. Une fois déshumanisée on la tue avec beaucoup moins de scrupules.

À l'origine, un « stéréotype » était une plaque de métal utilisée pour l'impression dont la particularité était qu'une fois produit, il ne pouvait être modifié. Le mot est devenu synonyme d'inflexibilité et d'une vision rigide du monde. La vision stéréotypée va de pair avec le racisme. Elle ne tient pas compte de l'individu. Elle est, par son manque de réflexion, l'antithèse de l'amour. Elle est souvent motivée par des considérations politiques. Goebbels - l'un des penseurs d'Hitler -

Hanz Revo (USA)

est un exemple historique de l'utilisation de stéréotypes à des fins politiques. En créant des stéréotypes de groupes raciaux, ethniques ou religieux, on peut sans difficulté déshumaniser les membres de ces groupes. Ironiquement, ce qui permet à beaucoup de citoyens israéliens d'approuver plus facilement les massacres de Palestiniens, c'est leur conviction erronée que tous les Palestiniens sont des terroristes barbares et incultes.

Mumia a été condamné à mort lors de son premier procès par un système judiciaire corrompu et raciste. En 2011, libéré de la torture perpétuelle qu'est le couloir de la mort, il a été condamné à la mort par incarcération par ces mêmes forces. Sa réponse a toujours été de prendre en charge la cause d'autrui, de conseiller ceux qui sont perdus ou dans le besoin. Il est en effet toujours « la voix des sans-voix », que ce soit en prison ou à l'extérieur.

Mumia Abu Jamal est un phare d'amour dans un paysage désolant et aride.

Steve Zadé

Co-animateur du Collectif français Libérons Mumia

Free
Mumia Abu-Jamal

Amandine Laugier (France)

Frédéric Lere (Usa)

PORTRAIT DE
MUMIA ABU-JAMAL

Professoral avec une touche de pirate

Mumia Abu-Jamal est un homme maladroit et drôle. Il marche lentement, le pied balayé, délibérément lourd.

Il a un large sourire, chaleureux et ouvert. Son étreinte est épaisse et forte. C'est comme si vous étiez entre les bras d'un grand-père géant, ne pouvant l'atteindre qu'à mi-hauteur alors qu'il se penche.

Sa barbe est ébouriffée et grise, soignée mais consciemment, délibérément non conforme. Les dreads étaient en effet rares en Amérique lorsqu'il les a portées pour la première fois. Il retourne ses mèches avec sa main, de son visage vers son dos.

Il est professoral avec une touche de pirate, des demi-lunettes posées sur l'arête de son nez, se penchant en avant pour lire. Lorsqu'il est choqué ou surpris, il se penche en arrière, incline la tête, plisse les yeux et jette un regard pénétrant et interrogateur. Il aime le chocolat, la pâtisserie, le gâteau au fromage et les sandwiches avec de la salade. Il boit de l'eau ou du thé au gingembre, jamais de soda. Quand il rit, tout son corps rit de bon cœur, fort et il renifle.

Je l'ai vu écrire et s'éloigner délibérément en se retirant dans son monde intérieur pour les défendre les autres et les protéger du mal.

Son plus grand chagrin est que malgré tous ses efforts pour être là avec ses petits-enfants et ses arrière-petits-enfants il rêve de ce qu'il serait capable de donner pour vivre à leurs côtés. Mumia est un homme qui aime d'un cœur énorme, infaillible et gigantesque.

Mumia, tout au long de ton parcours de souffrances et d'espoir, nous serons avec toi. Nous continuerons à t'envoyer de l'amour et des lettres. Nous escaladerons la montagne de la liberté pour te ramener à la maison.

Noelle Hanrahan

Avocate américaine et co-directrice de Prison Radio

Jamal Jr (USA) - Fresque Villejuif : Torre - Photo : Fred Garcia-Sanchez (France)

Mumia Abu-Jamal Papers, Ms.2022.009, Brown University Library (USA)

Jamal © 1997

Dread in a Babylon

Dans le couloir de la mort, Mumia était la figure de proue du combat international contre la peine capitale. La sentence commuée en réclusion à perpétuité, son cas attire moins l'attention médiatique (déjà assez faible). Comme si la perpétuité n'était pas en soi une peine de mort lente

Il n'en reste pas moins un prisonnier politique, à l'instar de Leonard Peltier, le militant de l'American Indian Movement incarcéré depuis 1976 et dont on ne parle jamais. Ou de George Ibrahim Abdallah pour prendre un exemple français. Autant de preuves d'une justice partiale et raciste, inféodée à l'agenda répressif.

Toute proportions mobilisatrices gardées, Mumia est l'Angela Davis de notre époque. « Free Angela » hier, « Free Mumia » aujourd'hui. Et, par capillarité, leur chevelure est devenue iconique.

De la coupe afro d'Angela aux dreadlocks de Mumia, les cheveux crépus ont toujours constitué un symbole tant graphique que politique. Ainsi qu'une fixation des préjugés racistes.

Dans les années 50 en Jamaïque, les flics harcelaient les premiers rastas, allant jusqu'à les attacher par les dreadlocks (« nattes effrayantes ») à leur Jeep avant de démarrer en trombe. Puis, avec son tube Natty Dread (1975), Bob Marley popularisa ces « mèches rebelles », références bibliques à la crinière d'où Samson tire sa force.

On ne peut pas dire que mon portrait de Mumia, réalisé en 1999 au feutre et à l'acrylique noire diluée à l'encre de Chine (avec des retouches au Tipp-Ex), brille par son originalité : dreadlocks, point levé, menottes qu'il brise avec le sourire tel Astérix cassant ses chaînes crânement devant les légionnaires romains. Qui n'a pas rêvé, en garde à vue, de péter ses menottes l'air de rien, genre « Désolé, je connais pas ma force » ?

De fait, rien ne ressemble plus à un portrait de Mumia qu'un autre portrait de Mumia. Mais la force des images ne réside pas tant dans leur originalité formelle que dans leur diffusion.

Je n'ai aucune foutue idée d'où se trouve l'original de mon dessin. Par contre, nous l'avons publié pleine page en mai 2000 dans – Existence ! , le journal de l'Apeis (Association pour l'emploi, l'information et la solidarité des chômeurs et précaires). Il a servi de pochette au CD Justice pour Mumia, compilation regroupant entre autres Assassin, U-Roy et Allain Leprest, éditée en 2000 par notre association Conscience & Culture au profit du collectif Sauvez Mumia (notamment pour payer les avocats). Il s'est décliné en affiche pour un concert de soutien, à Ivry. On en a aussi fait un T-shirt. Puis je l'ai publié dans mon fanzine ChériBibi en 2001 et 2009. Enfin, je l'ai peint sur un mur de Fontenay-sous-Bois ainsi qu'en direct lors d'une conférence pour Mumia à Montréal, y ajoutant des barreaux rouges symbolisant le drapeau US (là encore, rien de très original). Bref, ce dessin a vécu un brin au fil des rencontres et combats collectifs.

Notre travail d'artisans consiste-t-il à pondre une belle image pour l'abandonner illico (dans le zapping des réseaux asociaux, noyée parmi des millions d'autres tout aussi éphémères) ? Ou à l'accompagner, la porter dans les luttes ? Pour faire vivre la présence de Mumia, en son absence. Collectivement.

Daniel Paris-Clavel

ABRAMOS
Todas

FREE
PEOPLE AND PLANET
NO PRISONS OR POLLUTION
MUMIA
Libertad para MUMIA Abu-Jamal
Free SAHARA
SAINT-DENIS
RUE
MUMIA ABU-JAMAL
LOVE BEYOND BARS

6

LIVRES

Dans un État capitaliste où règne l'illusion de la liberté de la presse, le pouvoir de se faire obéir ne réside pas dans l'institution anonyme de la censure d'État mais dans la puissance du porte-monnaie. (Mumia)

Seth Tobocman (USA)

BANG
BANG
ACCUSED OF MURDER
SAY HE DID IT, OR WE BUST U-4 PROS-TITU-TION
VIOLENT REVOLU-TION-ARY
SENTENCED
TO
DEATH
ON DEATH ROW
WRITES 2 BOOKS
MANY HOPE TO SAVE HIM.
WILL THE STATE KILL HIM
?
WILL HE GO FREE
?

Jacques Derrida, compagnon de Mumia

Ce n'est pas un hasard si le premier ouvrage de Mumia publié en France en 1995, En Direct du Couloir de la Mort, est préfacé par Jacques Derrida, philosophe internationalement connu (la version américaine de l'ouvrage incluait un seul groupe de soutien étranger Just Justice Tours).

En 1993 Jacques Derrida est membre fondateur du Parlement International des écrivains, créé après l'assassinat de l'écrivain algérien Tahar Djaout, (le premier président en sera Salman Rushdie).

Fervent abolitionniste, Jacques Derrida, qui consacre ses derniers séminaires à la peine de mort (1999-2001), participe aux manifestations françaises de soutien à Mumia Abu-Jamal dont l'exécution est programmée au 17 août 1995. Elles ont lieu Place de la Concorde à Paris dès juillet 1995.

En 1971, Jacques Derrida s'était mobilisé avec Jean Genet et d'autres amis, pour sauver George Jackson, assassiné en prison, « une des figures exemplaires pour le jeune Mumia Abu-Jamal ». En 1995 la mobilisation massive a pour but d'empêcher que ne se renouvelle un autre meurtre légal.

Comme l'écrit Jacques Derrida : « Le système carcéral se développe aux États-Unis à un rythme incomparablement supérieur à celui de tous les autres pays du monde, près de 3000 personnes y attendent la mort par pendaison, électrocution, chambre à gaz, injection létale ou peloton d'exécution... Certaines prisons américaines, comme au Colorado, sont parmi les plus inhumaines au monde (automatisées, robotisées, soustraites à tout contact humain... surtout réservées aux prisonniers politiques ; de vrais camps de la mort parfois tenus par des entreprises privées dans la plus tranquille bonne conscience et la meilleure gestion possible sur le marché du droit)...

Le Parlement International des écrivains... a immédiatement jugé nécessaire de prendre sa part d'initiative dans ce grand mouvement de soutien [à Mumia Abu-Jamal]... et de s'opposer, par principe aux tortures policières et à la peine de mort... à toutes les entraves à la liberté que des forces, gouvervementales ou non, imposent à des intellectuels, écrivains, savants, journalistes...

Mumia Abu-Jamal, « la voix des sans-voix », est d'abord un prisonnier politique... Il représente toutes ces voix, la voix, une voix de toutes ces voix. Et nous ne cesserons plus de l'entendre...

Seth Tobocman(USA)

Cet écrivain aura décrit à la face du monde la condition des couloirs de la mort. Il nous le rappelle avec une ironie impeccable : en Pennsylvanie, lieu de naisssance du Premier Amendement de la Constitution « writing is a crime », « écrire est un crime »...

À toutes ces Nations qui violent en effet des droits impresciptibles, et le font de plus en plus un peu partout, avec de plus en plus d'arrogance... Mumia Abu-Jamal [répond] : « Le simple fait que j'écris révèle l'échec total de leur tactique d'intimidation, comme le révèle aussi le simple fait que vous lisiez ».

Jusqu'à sa mort, en 2004, Jacques Derrida apportera un soutien sans faille à Mumia.

Un grand homme, un grand humaniste, une grande voix pour Mumia Abu-Jamal.

Claude Guillaumaud-Pujol

Universitaire, sprécialiste des États-Unis

UNE NOUVELLE CHANCE POUR MUMIA

Story & Art : Seth Tobocman
Legal info : Rachel Wolkenstein

WWW.MUMIABUJAMAL.COM

Seth Tobocman (USA)

Jocelyne Leroy (France)

Julian Assange et Mumia Abu-Jamal

Deux combattants victimes de leur engagement pour la liberté

« Julian Assange ne devrait pas faire l'objet d'une audition par un grand jury, il devrait recevoir une médaille » Noam Chomsky[1]

Julian Assange et Mumia Abu-Jamal ont au moins un point commun. Ils ont tous deux consacré une grande partie de leur vie à dénoncer les facettes les plus horribles et les plus abjectes de la bête politique américaine. Ils sont profondément impliqués dans la lutte pour la liberté d'information. Ils représentent les plus beaux idéaux du journalisme et sont pourtant tous deux considérés par l'establishment comme des « menaces ». Ils sont encore tous les deux en prison. Ce sont des prisonniers politiques dont le « crime » a été de faire la lumière sur un monde entaché par la violence de l'État américain.

Avant que Mumia Abu-Jamal ne soit accusé du meurtre du policier Faulkner, il était un journaliste remarqué pour son engagement contre toutes les formes d'injustice. Il avait été président de l'Association des journalistes noirs de Philadelphie et le Philadelphia Magazine le présentait comme l'une des personnalités les plus en vue de la ville.

Huit ans avant son inculpation pour espionnage par les États-Unis en 2019, Julian Assange a reçu la médaille d'or de la Fondation pour la paix de Sydney - précédemment décernée à Nelson Mandela et au Dalaï Lama - pour son « courage exceptionnel à défendre les droits de l'Homme ». Selon le directeur de la fondation, le professeur Stuart Rees, « Assange a en effet défendu le droit des citoyens en remettant en question la tradition séculaire selon laquelle les gouvernements ont le droit de maintenir le public dans un état d'ignorance ». Julian Assange a publié des documents sensibles, dont beaucoup exposaient des atrocités humaines, notamment celles commises dans les centres de détention de Guantanamo Bay à Cuba et d'Abou Ghraib en Irak, estimant qu'il était primordial que les gouvernements rendent des comptes.

Mumia Abu-Jamal, journaliste radio, a fait tout ce qui était en son pouvoir pour dénoncer la corruption au sein de la police de Philadelphie et du système judiciaire de l'État de Pennsylvanie, convaincu que ces institutions étaient profondément contaminées par le racisme. Il estimait lui aussi que le public avait le droit de savoir. Il a eu la témérité de contester la persécution sans limite qui frappait l'organisation MOVE initiée par le département de la police de Philadelphie. Il en paiera le prix le plus fort quelques années plus tard par sa condamnation à mort.

MOVE était une épine dans le pied de l'élite dirigeante de Philadelphie. Ce mouvement de libération des Noirs, dans une ville où ces derniers représentaient 40% de la population, défendait les valeurs de la vie humaine et animale. Écologistes vivant en communauté, ils épousaient les idéaux du bien-être physique et mental. Dans son livre « On a Move »[2] Mike Africa[3] écrit : « Au début des années 1970, nous avons organisé des manifestations publiques contre l'injustice, l'oppression et le manque de respect pour toute forme de vie humaine et animale. Nous avons subi des brutalités policières répétées, les femmes enceintes étaient souvent battues pour provoquer des fausses couches. En 1978, des centaines de policiers ont attaqué notre maison, cassant notre clôture, brisant nos fenêtres et utilisant des lances à eau pour tenter de nous faire sortir de notre sous-sol. Ils ont ensuite tiré des centaines de coups de feu et neuf d'entre nous ont été arrêtés et condamnés collectivement pour meurtre[4]. En 1985, la police a largué une bombe sur notre maison, tuant onze de nos membres, dont cinq enfants ». Le seul journaliste sur lequel on pouvait compter pour dénoncer ces atrocités était Mumia Abu-Jamal.

Incarcéré depuis 42 ans, dont trois décennies passées dans le couloir de la mort, Mumia est condamné à la prison à perpétuité sans possibilité de libération conditionnelle pour un meurtre qu'il n'a pas commis. Si Julian Assange est extradé vers les États-Unis, il risque une peine de 175 ans de prison, après avoir déjà passé 5 ans dans des conditions répugnantes dans la prison anglaise de haute sécurité de Belmarsh, sans avoir été jugé.

Les deux hommes ont aujourd'hui de graves problèmes de santé incompatibles avec la poursuite de leur incarcération.

Mumia Abu-Jamal doit être libéré et les tribunaux britanniques doivent refuser l'injustifiable exigence américaine d'extradition de Julian Assange.

Le Collectif français

Au moment où cet article était écrit (25 juin 2024), nous apprenions la libération de Julian Assange après 14 années de privation de liberté en Grande Bretagne. Cette excellente nouvelle est la conclusion d'un accord juridique entre ses avocats et l'administration américaine mettant un terme à son extradition l'exposant à 175 ans de prison pour espionnage. À quand maintenant la libération de Mumia ABU-JAMAL après de 43 ans d'incarcération pour un crime qu'il n'a pas commis ?

Duck (USA)

1 • Noam Chomsky est linguiste et philosophe américain de renom

2 • « On a Move » livre publié chez MAJIC, LLC Box 58, Clifton Heights PA19018, USA

3 • Mike Africa est né en prison après l'arrestation et la condamnation de ses parents en 1978

4 • Quarante ans plus tard, la municipalité de Philadelphie a présenté ses excuses à la communauté MOVE, reconnaissant que ces condamnations étaient sans preuve de culpabilité de ses membres

Eva Gangolf, 13 Ans (France)

Arkhadiy Kamenka, 8 ans (France)

En quatre décennies d'incarcération Mumia a écrit une quinzaine de livres dont plusieurs ont été primés. Quelques-uns ont été traduits en français (voir ci-après). Mumia a également produit 1.340 commentaires audio diffusés par Prison Radio, le média américain qui donne la parole aux prisonniers et à leurs familles. Comme il le dit lui-même « j'ai continué à faire mon travail de journaliste en prison ».

AUTRES (français)

- *Mumia Abu-Jamal, combattant de la liberté,* biographie de Mumia Abu-Jamal par Claude Guillaumaud-Pujol, préface de Robert Meeropol (fils de Julius et Ethel Rosenberg), Éditions Le Temps des Cerises, 2017.

- *Prisons de femmes, une histoire américaine*, Claude Guillaumaud-Pujol, préface de Danielle Mitterrand, Éditions Le temps des Cerises, 2012.

- *Comment la marée montante délivra Mumia,* Jacques Lederer, Éditions Joelle Losfeld, 2001. Ceci n'est pas un livre autour de l'affaire Mumia, écrit l'auteur, mais une vingtaine d'histoires imaginées en distribuant des tracts pour la libération de Mumia et contre la peine de mort au festival du film américain à Deauville et ailleurs.

- *L'affaire qui accuse la justice américaine.* Cette brochure nous plonge au coeur de cette affaire qui accuse la justice américaine. Réalisée sous la direction de Stéphane Pariyski et du Collectif unitaire national « Ensemble sauvons Mumia », cette brochure a été intégralement financée par dix villes françaises en soutien au combat du journaliste afro-américain. Tirée à 20.000 exemplaires, la vente militante a permis de collecter plusieurs dizaines de milliers d'euros en faveur de la défense de Mumia.

- *Le rapport d'Amnesty USA* qui dénonce le procès raciste et la condamnation à mort de Mumia Abu-Jamal. Traduction sur le site www.mumiabujamal.com

- *Toute ma vie (en prison).* Réalisation : Marc Evans, 2008. Produit et financé par l'acteur britannique Colin Firth et son épouse Livia Giuggioli-Firth, ce documentaire a été primé dans plusieurs festivals du film de défense des droits humains. Ce film nous plonge au coeur du système carcéral américain en s'intéressant à l'affaire Mumia Abu-Jamal, journaliste noir condamné pour l'homicide d'un officier de police. Mumia est alors détenu depuis 30 ans dans le couloir de la mort d'une prison de Pennsylvanie. L'histoire nous est contée par un jeune britannique (William Francome) né le jour de l'arrestation de Mumia (9 décembre 1981). La diffusion de ce film a fait un tour France remarqué.

- *A sad love song.* Paroles et musique de Mumia. Orchestration Alain Jean-Marie / Chanteuse Morena Fattorini, 2011. Ce CD n'aurait jamais vu le jour sans la complicité entre Mumia et Jacques Lederer (militant du Collectif français). Cette complainte poétique de Mumia pour son épouse Wadiya est née dans le couloir de la mort. Artiste amateur et passionné de Jazz comme Mumia, Jacques a fait appel à ses amis professionnels pour faire orchestrer et enregistrer les paroles et la musique recueillies sur des bouts de papier après sa visite à Mumia avec une délégation française. Produits à des milliers d'exemplaires ce CD a permis de recueillir des fonds pour la défense de Mumia.

- *Justice pour Mumia.* Le CD de la solidarité en faveur de Mumia. Produit par l'association Conscience & Culture, avec entre autres Assassin, U-Roy et Allain Leprest, éditée en 2000.

DE MUMIA (anglais)

1 - *Live From Death Row* - 1995

2 - *Death Blossoms* - 1997

3 - *All Things Censored* - 1999

4 - *Faith of our Fathers* - 2003

5 - *Jailhouse Lawyers - Prisoners Defending Prisoners* - 2009

6 - *The Classroom and the Cell* (with Marc Lamont Hill) - 2012

7 - *Writing on the Wall* - 2014

8 - *We Want Freedom - A Life in the Black Panther Party* - 2016

9 - *Have Black Lives Ever Mattered* - 2017

10 - *Vol I - Murder Incorporated - Dreaming of Empire* - 2018 *

11 - *Vol II - Murder Incorporated - America's Favorite Pastime* - 2019 *

12 - *Vol III - Murder Incorporated - Perfecting Tyranny* - 2020 *

* co-written with Stephen Vittoria

DE MUMIA (français)

- *En direct du couloir de la mort* (préface de Jacques Derrida), traduction Jim Cohen, Éditions La Découverte, 2006.

- *Condamné au silence* (préface de Danielle Mitterrand), traduction Marc Saint-Upéry, Éditions La Découverte, 2001.

- *We Want Freedom : Une vie dans le parti des Black Panthers*, traduction Claude Audmal, Éditions Le Temps des Cerises, 2006.

- *La mort en fleurs* (préface de Julia Wright), traduction collective, Éditions Le Temps des Cerises, 1998.

- *Imaginez une Amérique socialiste*, un livre écrit à plusieurs mains dont celles de Mumia Abu-Jamal, Angela Davis, Michael More, Terry Bisson, (préface de Frances Golding), Traduction Claude Guillaumaud-Pujol, Éditions Le Temps des Cerises, 2018.

- *Révelation sur l'affaire Mumia Abu-Jamal,* le témoignage de Véronica Jones d'après sa soeur Valérie Jones, préface de Mumia Abu-Jamal, traduction Claude Guillaumaud-Pujol, Éditions Le Temps des Cerises, 2018.

MERCI !

Il y a des événements qui ne pourraient pas voir le jour sans engagement et sans volonté collective. Ce livre est de ceux-là.

GRAND MERCI aux artistes et aux créateurs d'images (liste ci-dessous) qui nous ont confiés leurs œuvres pour ce livre d'art en soutien au journaliste afro-américain Mumia ABU-JAMAL - en prison depuis 43 ans - pour exiger sa libération. Ces contributions ont été accompagnées de l'abandon de leurs droits d'auteur au profit de sa défense juridique et judiciaire.

MERCI aux auteurs, aux personnalités, aux élus et aux organisations qui ont encouragé ce projet.

MERCI aux graphistes et aux militants (*) qui ont travaillé bénévolement pour réaliser ce livre.

MERCI à l'éditeur Le Temps des Cerises pour sa compétence culturelle et son engagement solidaire pour ce combat qu'il soutient depuis des années par la publication de nombreux livres dédiés à Mumia ABU-JAMAL.

Si pour des raisons technique nous avons été contraints à opérer des choix d'images proposées par les artistes, toutes seront accessibles et visibles sur le site du Collectif Mumia grâce au QR Code ci-après.

(*) Fred Garcia-Sanchez (100 artistes pour Mumia), Frédéric Rauch, Anita Binacchi (Le Temps des Cerises), Jonathan Lère, John Rice, Claude Guillaumaud-Pujol, Steve Zadé, Patrick Kamenka et Jacky Hortaut (Collectif Libérons Mumia)

Contributions

Un grand merci aux artistes et créateurs d'images qui ont apporté leur contribution à ce livre d'art en soutien au journaliste afro-américain Mumia Abu-Jamal et au combat pour sa libération.

Adam Boufermarche (France), Alain Le Quernec (France), Alex Jordan & Sébastien Marchal (France), Alex Jordan (France), Amandine Laugier (France), Amigos De Mumia (Mexique), Amnesty International, André Mangeney (France), Arkadiy Kamenka (France), Aurelio Lopez Torres (Mexique), Bec Young, Bib's (France), Billy Margueron (France), Boris Séméniako (France), Brice Patterson, Brigada Cultural Subversiva (Mexique), Bruno Charzat (France), Campaign (Royaume Uni), Cgt Livre (France), Charlélie Couture (France), Cindy Lou (États-Unis), Clément Valette (France), Collectif Français Liberons Mumia, Collection Allemande, Collection États-Unis, Collection Mexicaine, Collection Move (États-Unis), Collection Philly (États-Unis), Collection Prison Radio (États-Unis), Conscience Et Culture, Dane Brown (États-Unis), Daniel Paris-Clavel (France), Den Chamanie (France), Didier Girardin (France), Dominique Dionisi (France), Duck (France), Dugudus (France), Éditions Joel Losfeld, Éditions La Découverte (France), Éditions Le Temps Des Cerises (France), Emory Douglas (États-Unis), Eric Drooker (États-Unis), Ernest Pignon Ernest (France), Eugénie Dubreuil (France), Eva Gangolf (France), Fabrice Selignan (France), Foutou'art (France), Fred Garcia Sanchez (France), Fred Sochard (France), Frédéric Lère (États-Unis), Fredo Coyère (France), Gabriel Martinez (Espagne), Georges Cantin (France), Gess Stéphane Girard (France), Guillaume Lanneau (France), Hamza (États-Unis), Hanz Revo, Hervé Di Rosa (France), Indiosindios Lopez (Mexique), Irène Ruszniewski (France), Isabelle James (France), Jaidess Nouss (France), Jay Steinberg (États-Unis) , Jean-Claude Blanchard (France), Jean-Pierre Coulaudon (France), Jocelyne Leroy (France), Joe's Garage Amsterdam (Hollande), John Jonik, Jonathan Lère (France), Joseph Chantier (France), Josh Macphee (États-Unis), Journal l'Humanité (France), Just Seed (États-Unis), Kevin Rashid Johnson (États-Unis), Kiki Picasso (France), Laurentg (France), Lina Goudjil (France), Liz Miranda (Royaume Uni), Lug Cinema / Marc Evans / Colin Firth, Mario Fuentes (Équateur), Maryse Emery (France), Michel Muller (France), Michel Quarez (France), Mister Copyart (France), Mumia Abu-Jamal, Mustapha Boutadjine (France), Oliver Gerhard (Allemagne), Patrick Nicolas (France), Rasqhid (États-Unis), Rdtw Social Media (États-Unis), Robert King (États-Unis), Sally Traxler Lavengood (États-Unis), Samuel Bravo (Venezuela), Seth Graphic, Seth Tobocman (États-Unis), Shelby & Studios (Royaume Uni), Sonia Diaz & Gabriel Martinez (Espagne), Spone & Duck (France), Spone (France), Stella Renela, Stéphane Herlitze, Syracuse Cultural Workers (États-Unis), Thierry Combas (France), Timothy B Okland (États-Unis), Tito Fonseca (France), Tore (France), Trax, V (États-Unis), Vanessa Vérillon (France), Vincent Perrottet France), Vincent Plisson (France), Woodcut Pachi Muruchu.

Personnalités françaises qui ont rendu visite à Mumia en prison (*) depuis le début des années 2000

Danielle Mitterrand (France Libertés) , Mouloud Aounit (MRAP), Patrick Braouzec (Député Pcf, Maire de Saint-Denis), Bally Bagayoko (Maire-adjoint Pcf de Saint-Denis), Bernard Birsinger (Député Pcf, Maire de Bobigny), Nicole Borvo Cohen-Seat (Sénatrice, Présidente du Groupe Communiste & Républicain), Marie-Georges Buffet (Députée, Secrétaire Nationale du Pcf), Ian Brossat (Sénateur Pcf, Co-Responsable du Groupe Communiste au Conseil de Paris), Chantal Cauquil (Députée Européenne Lutte Ouvrière), Nadine Epstein (Journaliste France Culture), Raymond Forni (Président Socialiste de l'Assemblée Nationale), Claude Guillaumaud-Pujol (Universitaire, auteure spécialiste des États-Unis et biographe de Mumia), Jacky Hortaut (Cgt), Patrick Kamenka (Syndicat Cgt des Journalistes), Jacques Lederer (Écrivain et musicien), Patrick Le Hyaric (Député Européen, Directeur du journal l'Humanité), Pierre Mansat (Maire-adjoint Pcf de Paris), Mireille Mendes-France (Fondation Mendes-France), Aline Pailler (Journaliste à France Culture, Députée Européenne), Marina Rajewski (Just Justice), Fodé Sylla (Député Européen), Christine Tournadre (Cinéaste et réalisatrice), Marcel Trillat (Journaliste et réalisateur France Télévision), Julia Wright (Cosimapp).

(*) Le titre mentionné pour chaque personnalité est celui qu'elle avait lors de leur visite à Mumia